实 现 创 业 梦 想 ， 迈 向 财 富 自 由

创业有招 赚钱有道

孙玉忠◎编著

北方妇女儿童出版社
·长春·

图书在版编目（CIP）数据

创业有招　赚钱有道 / 孙玉忠编著. -- 长春 : 北方妇女儿童出版社, 2025. 1（2025.3重印）. -- ISBN 978-7-5585-9067-2

Ⅰ. F307.5

中国国家版本馆CIP数据核字第2024M2Q482号

创业有招　赚钱有道

CHUANGYE YOU ZHAO　ZHUANQIAN YOU DAO

出 版 人　师晓晖
责任编辑　张　力
装帧设计　天下书装
开　　本　720mm × 1000mm　1/16
印　　张　10
字　　数　100千字
版　　次　2025年1月第1版
印　　次　2025年3月第3次印刷
印　　刷　三河市南阳印刷有限公司
出　　版　北方妇女儿童出版社
发　　行　北方妇女儿童出版社
地　　址　长春市福祉大路5788号
电　　话　总编办：0431-81629600

定　　价　49.80元

前言

现今社会，机遇与挑战并存，尤其是对广大创业者来说，他们所面临的创业环境复杂多变，充满了各种各样的未知风险与挑战。

面对这样的环境，要想实现小成本、低风险式的创业，就显得难上加难了。然而，现实虽然很骨感，但创业者们的创业激情依然饱满，甚至颇有“明知山有虎，偏向虎山行”的魄力。其实，这种魄力是值得肯定和赞扬的，同时也是出色的创业者所应具备的创业心态之一。

为了帮助广大创业者坚定信心，在复杂多变的创业环境中占得一席之地，同时实现小成本、低风险的创业梦想，我们特意为大家编写了本书。本书以当前的创业环境为背景，结合当下创业者们所面临的创业挑战与机遇，精心编写而成。全书共分为五章，重点涉及创业的五大环节——准备、计划、筹备、营销与运营，力求通过层层递进、环环相扣的阐释，帮助广大读者更好地理解与掌握创业的全过程，精准把控每个步骤与环节的细微之处，全方位做好创业的心理准备、项目计划、资源筹备、营销推广与运营把控，将创业的每个环节都落到实处。

在此基础上，为了提升本书的阅读趣味，我们还在书中编排了丰富的阅读板块，比如“创业语录”板块，以点睛式的经典语录，启迪广大创业者的创业智慧，让大家领略创业的精神要旨；又如“创业锦囊”板块，以知识拓展的方式，为广大读者提供丰富的创业知识，帮助大家梳理创业道路上的各类问题以及解决问题的具体方法；

再如“创业故事”板块，以生动有趣的创业案例为引，带领大家通过故事感悟创业的智慧；最后的“思维导图”板块，用一目了然的逻辑思维导图，帮助大家全面梳理创业智慧，为今后的创业实践打下坚实的基础。

目录

第一章　创业前的深度准备

第二章　灵感目标与项目计划

第三章　资源整合与筹备攻略

第四章　营销魔法与推广策略

第五章　精细运营与风险把控

第六章　团队建设与人才管理

第七章　持续创新与成长之路

第一章

创业前的深度准备

随着科技的飞速进步和互联网的迅猛发展，创业的门槛越来越低，自主创业受到越来越多的人的追捧。考虑到经济实力和个人精力，一些小成本、低风险的创业项目成为很多创业者的首选。然而，成本小、风险低并不是没有成本和风险，要想取得成功，同样需要我们做好准备，把握创业之道。让我们一起来了解一下创业前都要做哪些准备工作吧！

创业心态塑造：勇敢迈出第一步

良好的创业心态能让创业者的心智更加成熟，行动更加稳重，对创业的认识和理解更加深刻，使创业者在创业的过程中不管处于顺境还是逆境都能保持良好的精神状态。然而，塑造良好的创业心态并不是一朝一夕可以完成的，需要我们在实践中不断摸索和进步。

塑造创业心态，为创业奠定良好的基础。

创业锦囊

知识点一：塑造创业心态的必要性

心态决定状态，状态决定行动，行动决定结果。对于绝大多数人而言，创业是一条充满未知的曲折之路，我们所走的每一步都像开盲盒一样，谁也不知道前方等待自己的到底是惊喜还是惊吓。为了在创业之路上走得更稳、更远，从迈出第一步开始，我们就需要具备良好的创业心态，以一颗平常心面对成绩和挫折。

塑造创业心态有哪些必要性呢？

第一，良好的创业心态能使创业者更好地适应变化。创业不仅意味着一个人的社会角色变为老板，同时也意味着肩上承担的责任更重，压力更大。很多人在勇敢迈出创业的第一步时，面对生活中的各种改变以及未卜的前途，内心或多或少会产生迷茫、焦虑等情绪。塑造创业心态有助于创业者更快地适应生活中的各种变化，迅速调整自身的状态，以昂扬的斗志迎接创业过程中可能遇到的各种挑战。

第二，创业心态对创业结果有直接影响。在创业的过程中，创业者既有可能取得成绩，也有可能遭遇挫折和失败，还有可能经历漫长而平淡的日常工作，塑造创业心态能够使创业者胜时不骄，败时不馁，在平淡中坚守，不忘初心，朝着自己的目标不断迈进。反之，如果没有良好的创业心态，创业者容易因得意而忘形，因失意而颓丧，因耐不住平淡而迷失方向，这些最终都会导致创业的失败。

第三，创业心态对创业者的个人生活和后续发展有影响。在迈出创业第一步的时候，塑造创业心态能够让创业者拥有强大的精神内核，即使成功了也不得意忘形，依然保持谦虚谨慎的态度；即使失败了也能坦然接受，勇敢地再次出发。在日常生活中，我们会发现有很多人因为一时得意而忘乎所以，最终栽跟头，也有很多人因为在创业过程中遭遇挫折和失败而自怨自艾、一蹶不振，这都和他们在创业之初没有塑造良好的创业心态有直接关系。

第四，塑造创业心态有助于提升创业者的个人能力。塑造创业心态不仅需要创业者在心理上提前给自己“打预防针”，提高自己的抗压、抗挫能力，同时也需要创业者在行动上做好备用计划，以化解不期而至的挫折和困难，这有利于创业者全面提升个人能力。

创业故事

爱美是每个女人的天性，崔女士也不例外。因为喜欢漂亮的服装，她在步行街租了一间铺子，开始自己创业做女装生意。在她的店铺对面也是一家新开的女装店，店主是张女士。因为都是刚刚创业，经验不足，崔女士和张女士的生意都不太好。面对每天都需要承担的各种经营成本，张女士渐渐地沉不住气了，三四个月以后，她把自己的店铺转让了出去。店铺成功转手以后，扣除租金和货物成本，张女士发现自己亏了将近一万元，这让她感觉特别郁闷。这次失败严重打击了张女士的创业热情，她逢人就说自己亏钱的事情，劝告大家不要轻易去创业。和张女士店铺的情况一样，崔女士的女装店前几个月也面临亏损的问题，但崔女士的心态非常好。她觉得在做老板这件事上自己是一个“小白”，即使是那些经验丰富的店家也难免会面临挫折和失败，更何况是自己呢？她仔细地观察了步行街上所有的女装品类，发现自己售卖的服装款式和其他家的款式雷同，没有新意和特色。于是，心思活络的崔女士决定换一个“赛道”试一试，她将店铺的经营重点放在了大码女装上。自从改变了经营重点，崔女士的生意渐渐有了起色，她觉得很受鼓舞。商场如战场，无时无刻不存在竞争，崔女士在兴奋之余也提醒自己千万不能松懈。果然，没过多久，步行街上就先后开了两家主营大码女装的店铺。面对竞争，崔女士开始在选品上下功夫，与价格相比，崔女士更关注的是产品的质量和款式。由于她卖的衣服款式多样，质量也很好，虽然价钱并不便宜，依然受到了很多身材较为丰满的女性的追捧，她的店铺口碑越来越好，收获了很多回头客。崔女士是一个乐于拥抱变化的人，最近她又学会了直播，在闲暇的时候直播卖货，因此她的客源拓宽了不少，收入也节节攀升。得知崔女士的生意非常红火，张女士便向她“取经”，崔女士说：“其实最开始时咱俩情况差不多，只是我当时更沉得住气而已，创业有的时候拼的就是心态。”张女士听完以后觉得受益匪浅。

知识点二：创业者应该具有怎样的心态

1. 空杯的心态

创业意味着一切从零开始，要想轻装前行，创业者需要将过往的荣誉和失败全部归零，以空杯的心态来面对创业这件事。

2. 学习的心态

当一个人踏上创业之路的时候，就要把自己当成一个行业“小白”，保持谦逊向学的态度，通过读书或者向他人请教等方式不断学习，让自己快速成长起来。

3. 不断超越自我的心态

创业是一个创业者不断地打破自我、重塑自我的过程，创业者需要不断提升自己的技能。这就需要创业者具备不断超越自我的心态，这种心态会在创业过程中起到积极的推动作用。

4. 感恩的心态

感恩的心态既包括感恩他人，也包括感恩自己；既包括感恩帮助，也包括感恩挫折。也许你会对感恩挫折表示不理解。任何事情都是一体两面的，我们要辩证地看待挫折，如果挫折能对人起到正向的激励作用，同样是有价值的、值得感恩的。

5. 合作的心态

在创业的过程中不能凭借个人能力妥善解决问题，创业者要有合作的心态，积极地同他人建立协作关系，抱团取暖，合作共赢。

思维导图

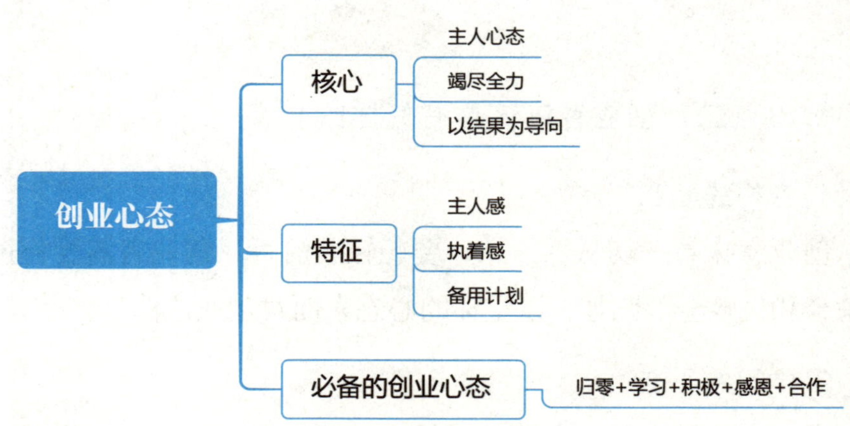

行业趋势洞察：找准风口不迷路

趋势代表着整体形势的走向，是个人不能改变的。创业含有诸多不确定因素和风险，要想降低创业的风险，在进入一个全新的行业之前，一定不能盲目，要保持谨慎的态度，洞察行业的发展趋势，这样才有机会抓住风口，实现自我价值。

创业顺利的诀窍在于顺应趋势。

创业锦囊

知识点一：洞察行业趋势的重要性

趋势是指事物发展的倾向，它是一种不以个人意志为转移的发展潮流。俗话说："识时务者为俊杰。"在创业的过程中，要想成为"俊杰"，以最低的成本、最低的风险获得最大的利益，就要培养自己"识时务"的商业眼光，洞察行业发展的趋势，抓住每一个可能创造商业价值的风口，顺势而为，在商业世界中一展风采。

创业为什么要洞察行业趋势呢？

第一，趋势是一种不可逆的发展潮流。趋势代表着发展的大方向，它就像是一场来势汹汹的浪潮，个人的力量在它面前几乎可以忽略不计。有人说，在趋势面前顺者昌、逆者亡，这并不是危言耸听。人们常把做生意说成商海浮沉，这个比喻非常贴切。试想，小船在大海中航行，顺应浪潮是一种借力的行为，掌舵人会更轻松；

而逆着浪潮行驶，不仅会白费力气，甚至还会面临灭顶之灾。创业者就像商海中的一叶扁舟，只有顺应趋势和潮流，才能让自己顺利地到达成功的彼岸。

第二，行业趋势是行业发展的风向标。它代表了一定时期内行业发展的方向，对于从业者具有极强的参考价值。有人曾经说过："站在风口上，猪都能飞上天。"洞察行业趋势的过程是寻找风口和机会的过程，如果创业者能够找到风口，抓住机会顺势而为，短期内实现资本的原始积累并不是梦。商业世界中顺应行业趋势一飞冲天的例子更是数不胜数。

第三，洞察行业发展的趋势有利于培养商业眼光和商业思维。洞察行业发展的趋势不仅需要我们有敏锐的观察力和感知能力，还需要我们对所处行业非常了解，这些都是可以在商业实践中不断积累获得的。当一个人时刻保持观察和学习的状态时，其商业思维会更加全面，商业嗅觉会更加灵敏，更容易发现行业的发展规律、发展方向，进而在竞争中抢占先机。

第四，洞察行业趋势有利于拓展商业版图。洞察行业趋势能够增强自己的实力和竞争力，商业世界是一个弱肉强食的世界，自身能力的强大有利于商业版图的扩大，有助于占据更多的市场份额，获取更多的利润。此外，洞察行业趋势还有助于推动整个行业的发展，个人身处其中也会获得更多机会。

创业故事

刘伟从职业技术学校的面点专业毕业后，就职于某大型连锁蛋糕店。工作了几年以后，经验和资金都相对充足了，他选择了辞职创业，开了一家自己的烘焙店。

在工作中，刘伟发现随着经济的发展和健康理念的增强，大家对烘焙的要求也悄然发生了改变，在要求好吃的同时更关注健康。一部分人谈“糖”色变，还有一些人对食材的热量也有很高的要求。刘伟觉得自己的产品如果能符合这些变化趋势，一定会有市场。于是，他推出了很多低糖、低热量的蛋糕和饼干，在制作奶油蛋糕的时候，使用成本更高但更健康的动物奶油。由于刘伟的店面附近有好几家烘焙店，为了在竞争中脱颖而出，他组建了自己店铺的微信群，会在每次推出新品的时候搞活动，邀请附近的居民免费来试吃。俗话说：“金杯银杯不如老百姓的口碑。”很快，刘伟的烘焙店就得到了大家的认可。作为一个常在网上冲浪的年轻人，刘伟深知网络和平台的力量，除线下店铺销售产品外，刘伟也在网上宣传自己的店铺，同时还和外卖平台合作，因此，他的烘焙店每天的营业流水又高出了不少。

刘伟发现，很多消费者特别追求“仪式感”，于是在产品制作和营销上，他紧跟潮流，推出了一些贴合节日的限定款产品，收获了很多顾客的一致好评。同时，他也承接了一些私人订制的业务，为婚宴或者私人生日宴订制专属蛋糕，由于产品的外观漂亮，价格公道，吸引了不少顾客。随着“国潮”文化的兴起，刘伟发现中式糕点是一个新的风口，于是他推出了一些含有中国元素的传统点心和蛋糕，包装上也全部为传统的中国文化元素。这些产品一经推出，便受到了大家的一致好评，尤其是传统的苏式点心和“寿桃”，外形漂亮，口味也很好，让见惯了西式生日蛋糕的客人们耳目一新，订制数量变得非常可观。

在刘伟的用心经营下，仅仅一年的时间，他的店铺就成了“明星”店铺，他的收入比以前打工的时候提高了好几倍，他感到非常开心。他深知自己的店铺之所以能取得成功，虽然与自己的努力分不开，但更重要的是自己善于发现行业发展的趋势，抓住了行业发展的风口。

知识点二：判断行业趋势的方法

1. 关注行业相关的法律法规和官方发布的新闻

我国是市场经济体制，但市场的调节作用并不是万能的，为了保证经济的正常运行，国家会出台一系列的宏观调控政策，其中就包括制定法律法规或者发布纲领性文件。要想判断行业发展的趋势，我们可以关注与本行业相关的各种法律、政策和新闻等，这些信息具有很强的导向性。

2. 关注行业论坛，订阅行业资讯

随着信息科技的飞速发展，为了促进行业的发展和从业者之间的交流，很多行业搭建了各种各样的交流平台，如行业论坛、行业资讯等。关注行业论坛、订阅行业资讯有助于我们掌握更完善的行业发展信息，从而判断行业发展的趋势。

3. 建立行业内的人际关系网

参与行业会议、行业沙龙等可以帮助我们结交更多的行业内从业人员，建立人际关系网络，获得更多有用的行业资讯。通过整合这些信息，我们也可以对行业发展趋势做出研判。同时，我们要格外重视与行业专家交流，多听一听他们的意见，因为他们处于行业发展的最前端，其观点更有参考价值。

思维导图

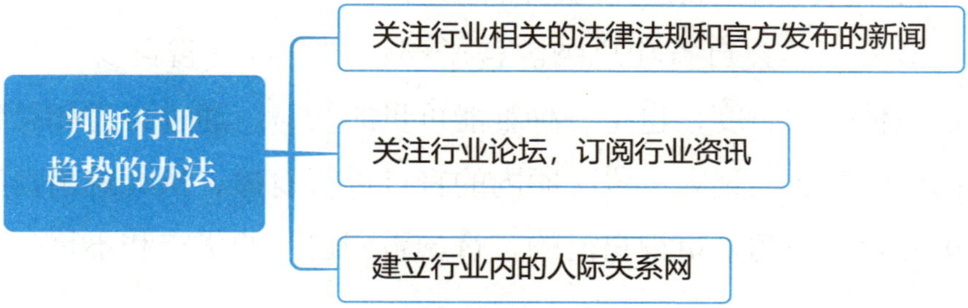

判断行业趋势的办法
- 关注行业相关的法律法规和官方发布的新闻
- 关注行业论坛，订阅行业资讯
- 建立行业内的人际关系网

自我认知敏锐度：打造个人品牌

俗话说：“人靠衣装，佛靠金装。”打造个人品牌作为一种自我包装的行为，能够帮助创业者达到自我推销的目的，对创业取得成功具有积极的推动作用。打造个人品牌并不是弄虚作假，它需要创业者有敏锐的自我认知能力，能对自身做出准确、客观理性的分析。

个人品牌的打造推动创业进入“快车道”。

创业锦囊

知识点一：自我认知敏锐度的重要性及提升方法

我们常说：“人贵有自知之明。”这里的“自知之明”就是指敏锐的自我认知。如果一个人拥有敏锐的自我认知，就能清楚地知道自己的优点和缺点，从而扬长避短，实现自己的目标。创业是一件充满未知和变数的事情，如果我们拥有敏锐的自我认知，就能充分发挥自己的优势，有效地规避风险，提高创业成功的概率。

提升自我认知敏锐度的方法有以下几种：

第一，学会自省和总结。曾子曰：“吾日三省吾身。”自省既是一种生活态度，也是一种难能可贵的智慧。通过自省和总结，我们可以对自己过去一段时间内的言行进行复盘，从而跳出自我，以第三者的视角来审视自己的言行，看到自己的优点和不足。自省和总结只是手段，自我提升才是目的，通过自省和总结看到的这些优点和缺点，获得的这些经验和教训都能为我们日后处理同类事件提供参考和方法，有助于我们的个人成长以及自我认知敏锐度的提升。

第二，虚心听取他人对自己的反馈。大部分人在看待自己的时候是盲目的，容易陷入“自我感觉良好”或“妄自菲薄”的状态中。要想提升自我认知敏锐度，我们可以尝试从别人的口中了解自己。通过听取他人对自己的反馈，我们在看待自己的时候能更加客观和理性。这里的他人既包括身边的朋友、亲人，也包括能力和认知在自己之上的人。需要注意的是，他人的反馈虽然具有参考价值，但不一定全部正确。因此，在听取他人对自己的反馈时，我们既要认真听取又不能过于认真，既要虚心接受也要杜绝全盘接受。理性地分析他人的意见，符合事实的要坦然接受，不符合自己的实际情况的也不要过于认真和纠结，要有一笑而过的气度。

第三，保持不断学习的状态。有人说学习的过程是一个见自己、见众生、见天地的过程。通过持续不断地学习，我们可以拓展

自己的思维，提升自己的修养，以更理智的眼光看待自己的长处和不足，以更谦逊的态度处理个人和他人之间的关系，这对我们提升自我认知的敏锐度大有裨益。这里的学习并不局限于通过读书获取书本知识，还包括向他人学习经验，这两种学习方式具有殊途同归的作用。

创业故事

徐琳是一位白领，在大家的眼里，她有着体面的工作和稳定的收入。然而，看到朋友们都有自己的一份小事业，她也有点儿按捺不住，想要自己创业。由于辞职创业的风险较高，她选择利用业余时间搞副业。对比了很多小成本、低风险的创业项目以后，徐琳打算从事手工编织行业。为什么会这么选择呢？因为徐琳有一定的美术功底，动手能力强，同时手工编织所需要投入的资金相对较少，只需要置办一些简单的编织材料就可以。

考虑到自己白天需要上班，手工编织也是相对小众的领域，徐琳打算通过在网上分享作品来为自己的手工编织生意引流。通过对比几大平台，徐琳觉得某平台上年轻用户相对活跃，这些年轻人正是自己的目标群体，于是她选择将某平台作为自己的主要经营平台。在日常生活中，徐琳有很多自己固定选择和使用的品牌，她明白个人品牌和标签在经营中的重要作用，于是她给自己取了一个容易记住的名字，每次发表作品的时候，她都给自己上传的图片打上水印。在作品的制作上，她紧跟潮流，根据年轻人喜欢的题材制作作品。有一段时间，大熊猫“萌萌”在网上爆火，徐琳制作的“萌萌”玩偶被哄抢。考虑到自己只是在业余时间编织这些玩偶，数量毕竟有限，徐琳想到“授人以鱼不如授人以渔”的名言，除了卖玩偶以外，她还在网上售卖自己的手工编织视频及材料包，这两种打包一起售卖，受到了很多人的欢迎，这也为徐琳打开了创业的新思路，她不再拘泥于卖货，同时开始卖课程。那段时间，仅仅是一个大熊猫玩偶的编织技法视频给徐琳带来的收入就超过了她的主业收入。此后，徐琳又推出了很多创意十足的产品，她的产品经常一上架就被抢购一空，很多网友都认准了徐琳的账号，她的手工编织在这个圈子里名气也渐渐大了起来。通过卖产品、卖材料包和卖课相结合的方式，徐琳不仅赚到了很多钱，还收获了很多粉丝和快乐。

当被人问到自己的成功之道时，徐琳总是说："我觉得我之所以能取得现在的成绩，跟我清晰的自我认知和对个人品牌、标签的经营是息息相关的。"

知识点二：打造个人品牌的原因

1. 个人品牌是一种无形的资产

在生活中，品牌的影响力无处不在。相信不少人听过"品牌溢价"这个词，这说明品牌是一种无形的资产。就比如同样的一双鞋，如果它从代加工工厂直接售卖，可能只卖到200块钱，销量还不见得好；如果它贴上某品牌的标签上市售卖的话，不仅价钱会翻倍，销量也会提升。个人品牌也是如此，当你拥有个人品牌的时候，在他人的心目中，你的特色会更加鲜明，更容易被他人认可，会拥有更多创造价值的机会。

2. 个人品牌是一张社交名片

个人品牌是一个人的“标签”，代表着一个人不同于他人的特点，对社交具有推动作用。拥有个人品牌的人在与他人交往的过程中更容易给他人留下深刻的印象，对他人也更有吸引力。如果一个人毫无特色，对他人而言自然没有吸引力。

3. 打造个人品牌能提升个人竞争力

打造个人品牌的过程是一个塑造自我、提升自我的过程，它能为我们争取到更多的机会，也能让我们更有能力抓住机遇，在竞争中脱颖而出，实现自我价值。

思维导图

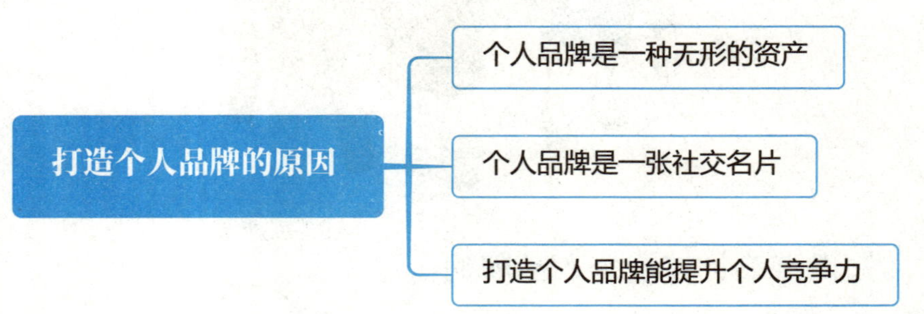

市场需求调研：抓住痛点好出击

在商业领域里，有痛点就代表着有市场。一个有头脑的创业者在创业前会进行充分的市场需求调研，通过分析和整合调研数据，精准地找出客户的痛点并予以出击，这样才能迅速俘获客户的心，最大限度地降低创业风险，大大提升创业成功的概率。

创业成功的关键在于抓住痛点。

创业锦囊

知识点一：创业中找痛点的必要性及步骤

创业并不是有热情就能成功的事情，要想创业成功，首先我们需要对自己的创业项目做一些调研，而调研的重点就是了解自己想要从事的行业的痛点以及目前的整体市场行情，以便对市场有一个大致了解。工欲善其事，必先利其器。充分而翔实的市场调研能够为创业者提供数据支持，避免我们因为盲目和冲动而走弯路。

市场调研可以分为以下几步：

第一，明确创业项目。我们常说三百六十行，其实现在的行业又何止这些？要想通过创业赚到钱，我们首先需要明确创业项目。只有先明确了自己想要做什么，我们才能有的放矢，成功的概率才会大大提升。

第二，了解市场的整体状况。市场就像是一个大蛋糕，在进入之前首先要搞明白目前这个“蛋糕”都被哪些人瓜分了，留给自己的市场份额还剩下多少，自己有没有机会和方法把这个“蛋糕”做大做强。如果一个市场相对饱和，留给自己的利润空间必然变小，且自己的竞争优势也相对较弱，这是不利于创业的。如果市场目前尚未被充分开发，属于蓝海市场，那创业者的发挥空间则是巨大的。

第三，找准目标客户进行调研。很少有项目是适合所有人的，因此，我们在创业的时候，找准目标客户其实是在做精准的定位。针对目标客户进行调研，才能更快速地了解用户的需求，并针对市场的需求来推出产品、完善服务。常见的调研方式有问卷调查、访谈等。

第四，汇总、分析调研数据。每一份调研虽然都能反映出用户的需求，但这种反馈相对而言较为片面，不足以代表整个用户群体的心声。通过汇总所有的调研数据，创业者可以直观地了解在该创业项目中哪些是亟待解决的主要矛盾，哪些问题可以放在后面解

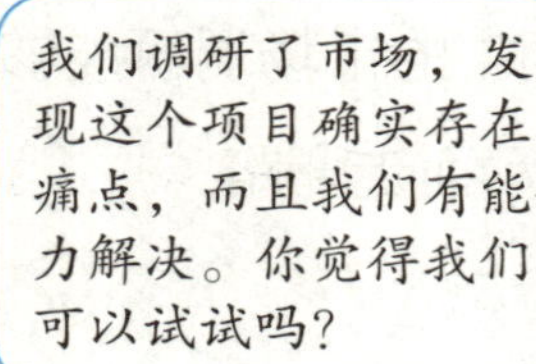

决，为自己的创业提供数据支持。

第五，总结调研结果。通过一系列的市场调研和数据分析，创业者能更好地了解自己想要从事的项目存在哪些痛点，具有哪些潜力以及潜在的风险，以便对自己是否要从事这一项目做出理性的判断。如果市场存在痛点，自己也有能力和机会解决这一痛点，自然可以在竞争中脱颖而出；如果市场的痛点已经基本解决，市场份额接近饱和，此时入场就不是什么明智之举了。

创业故事

陈超是一名兽医专业的毕业生，从学校毕业以后，他在一线城市的宠物医院工作了一段时间。大城市的生活成本相对较高，单凭自己的工资很难在城市中立足，于是他萌生了创业的想法。由于囊中羞涩，陈超想从一些小成本的项目入手。在工作中，除了为宠物治病以外，陈超也会和顾客们交流，他发现很多客人虽然很喜欢小动物，但是没有时间照顾，这让他们感觉很苦恼。陈超想：自己作为专业的工作人员，何不从这个方向入手创业呢？他是一个敢想敢干的人，没多久他就选择辞职创业了。

现代社会很多人过着独居生活，他们通过饲养宠物来排解孤独，其中有一部分人平时工作繁忙，根本没有时间照顾宠物，这些人就是陈超的目标客户。为了挖掘潜在客户，陈超在各种宠物贴吧、宠物交流群以及平台上发帖子，推广自己的业务。没几天，就有人联系到了他，请他在自己出差期间帮忙照顾家里的宠物狗。按照约定的时间，陈超每天替顾客遛两个小时的狗，在遛狗的过程中，陈超会仔细地观察狗狗的状态，为客户提供一些专业的建议。因为陈超的服务热情且专业，很多人都愿意帮他介绍客户，渐渐地，陈超的生意越来越多。俗话说：“一个好汉三个帮，一个篱笆三个桩。”随着自己的事业逐渐有了起色，陈超开始组建自己的团队并定期对团队成员进行培训，以便他们能更好地为客户提供更优质的服务。

在服务的过程中，陈超也在不断地观察周围人的生活，他发现在大城市中，除了年轻人，还有很多老年人过着独居生活。由于身体原因，他们在生活中存在很多需要帮助的地方，于是他又开始研究新的创业项目——为老年人提供服务。他从“陪诊”项目开始做起，打造了一支专业的陪诊团队，为老年人提供一条龙的看诊服务。这个服务项目一经推出，就解决了很多年轻人没有时间和精力陪同老年人看诊的需求，还接到了很多从外地过来看诊的客户，为陈超带来了不小的收益。

通过这两个创业项目，陈超的收入超过了很多白领，他觉得自己之所以能取得成功是因为自己找准了痛点，解决了人们的实际需求。

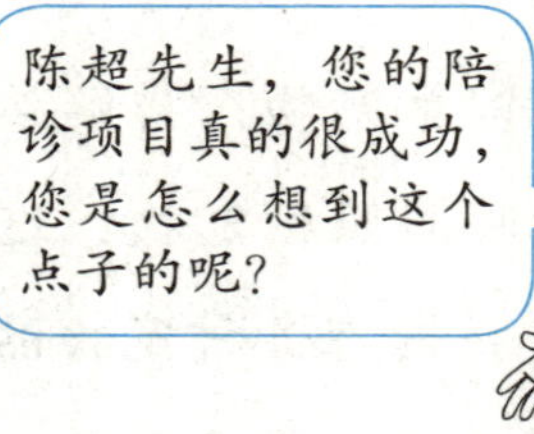

知识点二：如何抓住和解决客户的痛点

1. 深入了解目标用户

要想抓住客户的痛点，首先需要我们深入目标客户群体中去。只有这样做，我们才能更加了解目标客户的消费需求、消费心理等，对客户的痛点更加感同身受，从而推出有针对性的解决方案，节省运营成本，提高整体利润。

2. 了解竞争对手

在市场经济中，垄断是非常罕见的，有利益存在的地方就存在竞争。知己知彼才能百战不殆，要想抓住和解决用户的痛点，我们也可以从了解竞争对手入手。通过了解和分析竞争对手的产品及营销，我们可以找到对方在解决客户痛点方面的不足，从这些不足之处着力，来解决客户的实际问题，从而赢得客户。

3.对客户的痛点进行排序

就像事物存在主要矛盾和次要矛盾一样，客户的痛点也有主要和次要之分。要想更好地解决客户的痛点，我们就要学会对这些痛点进行排序，从给用户带来最大困扰的问题入手，按照由重到轻、由主要到次要的顺序解决客户的痛点，这样做有利于提升用户的满意度，赢得用户的口碑，进而完成从服务到利润的转化。

思维导图

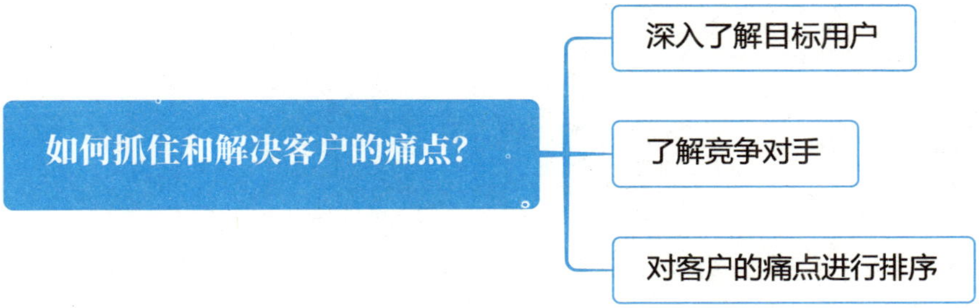

- 如何抓住和解决客户的痛点？
  - 深入了解目标用户
  - 了解竞争对手
  - 对客户的痛点进行排序

第二章

灵感目标与项目计划

创业是个既庞大又严肃的课题，不是玩笑，不可能一蹴而就。在创业过程中，创业者不但需要凭借敏锐的眼光巧妙地发现和识别商机，还需要在创业之前，确定自身的发展目标和创业目标，以目标为导向，结合自身的资源、长处和优势，选定一个最适合自己的优质项目，制订出合理、详细、科学的创业计划。如此，才能轻轻松松、有的放矢地开启自己的创业之路。

创业灵感激发：巧妙识别商业机会

创业，从本质上来说，就是一个寻找商机、抓住商机，进而利用商机获取财富的过程。所以，创业的第一步就是寻找商机。商机源于生活、源于需求，且无处不在。日常一些微不足道的小细节、一句话、一件事，都可能激发人的灵感，让人成功找到商机。

机会不是等来的，是找来的。

创业锦囊

知识点一：创业灵感的来源和寻找途径

创业最关键的一步是寻找创业灵感，或者说，是寻找商机。纵观古今中外，绝大多数成功的商人是敏锐的、具有较强洞察力的，他们总能发现别人发现不了的需求、注意到别人忽略的细节，并从中激发灵感、获得契机。日常生活中的各种“麻烦事”、街坊邻里不经意间的“抱怨”、同行们的“前车之鉴”，等等，都能成为创业灵感的来源。

一般来说，要发现和寻找创业灵感，可以从四个方面着手：

1. 留意生活中的“麻烦事”

从某种意义上来说，商业的本质就是用“金钱”换取服务和便利。所以，日常生活中那些让人皱眉的麻烦事，很多时候就是商机所在。比如，人和人之间远距离的通信非常麻烦，为了解决它，手机、电话应运而生；外出途中，手机没电了又找不到充电的地方，于是，有人灵感迸发，发明了移动充电宝。

2. 深入发掘自身的爱好

比起在不熟悉的领域盲目碰运气，深入发掘自己的爱好，从自己熟悉、擅长的事情上着手，去发现需求、寻找商机，无疑要可靠得多。因为熟悉，所以更能发现外行人不了解的各种需求、问题、市场行情等。了解了这些后，再有的放矢地去创业，机会要多很多。比如，你爱好音乐，很了解音乐圈子的各种事，就可以围绕音乐圈来创业，组建乐队、开工作室等。

3. 紧跟热点，关注政策

任何时代都有属于自己的朝阳产业和夕阳产业。一般来说，传统产业利益已经固定，竞争也非常激烈，反而是一些新兴的产业，竞争小，机会多，有很多市场可以开拓。因此，平时可以多关注热点和国家政策，了解市场最前沿的动态，从新兴产业，如环保、新能源、人工智能、养老等热点切入，寻找契机，成就自己的事业。

创业故事

饶明是一家化工厂的销售员，今年36岁，工资虽然不高，工作却很多，每天都忙得脚打后脑勺。这样的生活让饶明十分厌倦。

他不想再这样浑浑噩噩地过下去，迫切地想要辞职创业。

可创业并不是简单的事情，不仅要有启动资金，还有失败的风险，一旦失败，可能会背上一身债。为此，饶明一直很踌躇。

“要是能有个风险低、投入少的项目让我来做就好了！”饶明感叹道。

没想到，过了不到半个月，真让他发现了一个这样的项目。

那是星期五下午，饶明下班回家，顺便去楼下的快递代收点取快递，等到了才发现，代收点里人很多，等着取快递的人已经排上了长队。

饶明来得晚，排了将近40分钟，才取到自己的快递。拿着快递回家的路上，他就忍不住抱怨：“取个快递就浪费了40分钟，这40分钟都够我做两个报表了。要是快递能提供送货上门服务就好了，送货……送货上门！对呀！送货上门！”

想到这儿，饶明脑中突然灵光一闪，想到了一个好主意：开一家便民公司，为客户提供快递送货上门服务，适当地收取一些服务费。

如此，既节约了客户等待的时间，为客户提供了方便，自己也能赚到钱，一举两得。投入成本不高，失败了损失也不大，完美！

恰好第二天就是周六。饶明就跑到小区附近的各个快递代收点和代收点的老板谈合作。本就是互惠互利的事情，饶明又舍得让利，合作谈得很顺利。

谈好合作后，饶明又利用群聊、公众号、便民信息台等平台发布了服务信息，并买了一辆二手的电动车当交通工具。

一切准备就绪，只等订单上门！

刚开始的时候，饶明接到的订单并不多，大多数是相熟的邻居、朋友下的单，过了一段时间，等大家享受到了“送货上门”的便利，饶明的小公司也有了一定的口碑，订单就多了起来。饶明一个人根本忙不过来，就又雇了两个送货员。

公司的业务渐渐步入正轨后，饶明又集思广益，积极开拓增值业务。他发现，有些客户购买了空调、太阳能、彩电等大件后，根本不知道怎么安装。于是，饶明就贴心地开展了帮忙联系安装、组装等各种业务。客户得到了方便，饶明的公司也越做越大。

知识点二：判断创业灵感能否转变为商机的三要素

1. 市场需求

严格来说，创业灵感并不等同于商机。有些灵感或许创业者本人觉得很新颖、很独特，但真正运用到实践中，转化率却并不高。其中原因有很多，最关键的一点就是市场需求。商机，从某种意义上来讲，就是市场上已经存在且没有得到满足的需求。如果市场没有相应的、稳定的需求，那么再好的灵感也只能是灵感而已。

2. 对应技能

发现需求、找到商机，并不意味着就能顺利实现。要真正把灵感转化为商机，还需要创业者具备与之相对应的技能。比如，发现人工智能是一片蓝海，想创业，创业者就得具备人工智能方面的知识储备，如果没有或者了解不深，哪怕靠着招聘专业人才的方式干了起来，也极有可能因为个人的“无知”被蒙蔽、乱指挥，从而做出错误的决断。

3. 利润与竞争

创业的最终目的是盈利。所以，判断灵感能否转化为商机的另一个关键就是利润。如果看准的项目无法带来持续稳定的利润，那么，创业者就该三思而后行。另外，如果相关领域竞争十分激烈，狼多肉少，获取利润的难度很大。创业者在入行时也该谨慎，不要一意孤行。

思维导图

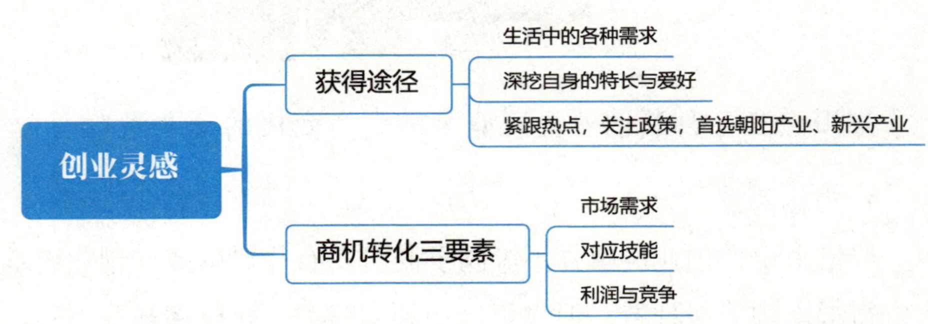

以目标为导向：根据行情随时调整

创业的第二步是确立目标。目标是创业的航向，可以帮助创业者明确定位、找到道路，让创业者行有所指、有的放矢、不再盲目。需要注意的是，目标并不是死的，而是活的，在创业过程中，创业者可以根据市场和行情的变化对目标进行灵活恰当的调整。

目标是创业的航向。

创业锦囊

知识点一：确立创业目标的原则

凡事都该有个目标，创业也一样。目标是行动的纲领，是航船的航向，是奋进的灯塔，不仅能够在创业的道路上给予我们清晰的指引，还能激发我们的潜能，让我们在创业过程中不惧万难、矢志向前。毫不夸张地说，确立一个好的目标，就相当于创业成功了一半。目标有多大，舞台就有多大。确立目标，有百利而无一害。

一般来说，创业目标的确立，需要遵循四个原则：

1. 目标要远大

人的潜能是无限的。目标越远大，就越有利于挖掘自己的潜能。创办一家年利润十万元的企业，很容易就能做到，一旦做到了，人就容易失去动力，变得怠惰。相反，若是把目标定得高一些，比如，创办一家年利润百万元的企业，则更容易激发人的斗志，让人积极奋进、努力拼搏。

2. 不要好高骛远

目标远大和好高骛远是两码事。制订远大目标的前提是凭着自身的能力可以一步步地实现，或者说，有机会、有潜力去实现。好高骛远，则是不顾实际、白日做梦。比如，一穷二白的创业者，给自己定下的目标是一年利润十亿元，两年成为行业龙头，这就是不太符合实际了。

3. 目标要清晰

创业目标一定要清晰、细致、有明确的指向性，不能含糊，更不能模棱两可。清晰的目标能够给创业者清晰的指引，让创业者明白之后该做什么、朝着哪个方向努力，避免盲目。

4. 目标要切合自身实际

再好、再宏大的目标，如果与自身的能力、资历、人脉资源等各种条件不匹配，也毫无作用。相反，不切实际的目标，无论是过高、过低，还是偏轨、迷航，都会像错误的靶子，将人引向错误的航向。拼命努力却徒劳无功。请记住，创业者选择正确的目标比努力更加重要。

创业故事

李晴是一个单亲妈妈，女儿小欣今年5岁，正在上幼儿园。

因为要接送和照顾女儿，李晴从事不了朝九晚五、时间固定的工作，更没办法加班，一直以来都靠打零工、做兼职维持生计。

可是，打零工收入微薄，而且极不稳定。随着女儿一天天长大，花销日益增多，家里常常入不敷出，捉襟见肘。为此，李晴非常着急。

为了赚钱，她试过很多办法，但都以失败告终。最后，李晴决定自己创业。

别人创业要么为了理想，要么为了情怀，李晴创业，目的却很朴素，就是为了赚钱。她给自己定下的创业目标也很实在，就是一年内找到稳定的收入来源，五年内赚到20万元，十年内赚到200万元，努力改善家庭环境，让女儿过上更好的生活。

确立目标后，李晴开始了规划和筹备。

创业说起来简单，但做起来却一点儿也不简单。考虑到自身的实际情况和市场行情，最后，李晴选择的创业方式是开网店售卖地方特产。

李晴是新疆人，多年来一直住在乌鲁木齐，她的网店售卖的产品主要有两种：一种是奶皮子；另一种是牛羊肉干。偶尔还会卖一些新疆本地当季的农产品，如西瓜、葡萄等。

售卖类似产品的网店在各大平台都有不少，竞争相对比较激烈。为了提高销量和知名度，李晴先是在各个平台开视频账号引流，通过视频实拍，让客户亲眼看到食物的制作和采摘过程，确保食物纯手工、无污染、环保、新鲜，并以此吸引客户下单。

在客户下单的时候，李晴还会尽可能地给一些优惠。在同类产品中，她店里的产品价格永远最实惠，质量也好，堪称物美价廉。

另一方面，李晴严把质量关，坏的、烂的、不新鲜的、有添加剂的食品一律不售卖。遇到有货品损坏的，她还会主动道歉退赔。

凭着真诚的态度、实打实的品质和不错的引流宣传手段，李晴的小店从最初的门可罗雀，慢慢地吸引和积累了一批忠实的用户，订单越来越多，规模也越来越大，最后，还形成了自己独有的品牌。

有了客户基础和品牌基础，李晴趁热打铁，先是在新疆本地开设了实体店，后来又在全国多个省份开设了分店，生意红红火火，资产规模超过千万元，早就超过了自己当初定下的目标。

知识点二：调整目标的四种方式

1. 对既有目标进行微调

创业初期确定的原始目标需要根据市场、政策、需求、预期、环境等条件的变化，及时进行调整。如果变化不大，只需要因地、因人、因事、因需求制宜，对目标进行小幅度的调整，让目标变得更合理，无须进行大幅度的变动。

2. 对既有目标进行方向性的重大调整

如果在实际运营过程中发现创业目标与市场现状、行业趋势等存在大的偏差，或者有非常明显的导向性错误，创业者需要当机立断，对已经确定的创业目标进行方向性的重大调整，将事业拉回正轨，以免错过风口、走上歧路。

3. 对既有目标进行阶段性的调整

创业的不同阶段，需要不同的目标。创业初期的目标随着时移事易，很可能会成为企业发展道路上的障碍和枷锁。因此，创业者每隔一段时间（半年或一年）就要综合考量企业的实际情况，具体情况具体对待，对目标进行阶段性的调整。

4. 改变既有目标，确立新的目标

如果因为种种原因，之前设定的创业目标已经不切合现状，甚至与市场、政策等背道而驰，创业者应该秉着壮士断腕的果敢，主动放弃或转型，确立新的目标，以免造成更大的损失。譬如，初始目标是做学科类教育培训，在国家政策调整后，创业者就该主动转型。

思维导图

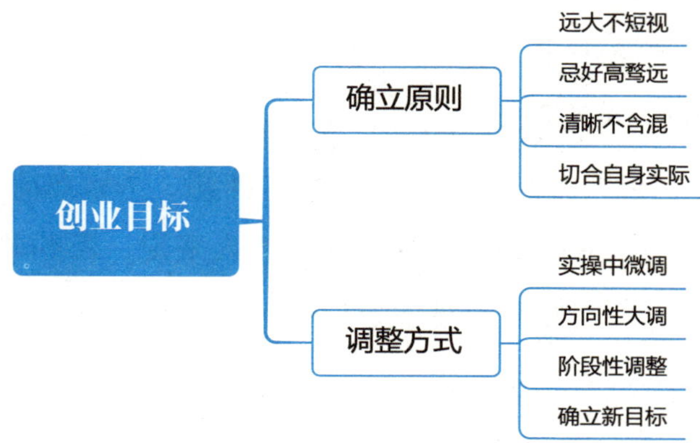

寻找适合自己的项目：填补市场空缺

无论做什么，适合自己的才是最好的，创业也一样。创业者在选择创业项目时，最该遵循的就是“因人制宜，量体裁衣”的原则，与其盲目跟风，上马一些自己不了解、不会操作的项目，还不如根据自身的实际情况，深挖掘，巧谋划，找到真正适合自己的项目并大展拳脚。

适合自己的项目才是最好的项目。

创业锦囊

知识点一：如何选择适合自己的创业项目

适合自己的创业项目，就像是一双非常合脚的鞋，能够让创业者在创业这条道路上走得更高、更快、更远。相反，不适合自己的创业项目，就像一双不合脚的鞋，不仅会拖慢创业者的步伐，让创业者举步维艰，还可能导致创业者失败、摔伤、头破血流。因此，选择一个适合自己的创业项目对有心创业的人来说，真的非常重要。

那么，创业者该如何选择适合自己的创业项目呢？

1. 要认清自己、找准定位

认清自己、找准自身定位是选择适合创业项目的前提。在选择前，创业者应该对自己画一个立体的“自画像”及多方面的综合考量，确定自己的兴趣、爱好、优缺点、擅长什么、不擅长什么，有哪些可以利用的资源，在哪个领域有天然的优势，等等。

2. 划定范围，确定大方向

找准自身定位后，创业者需要根据自身的定位，划定一个创业的大体范围，确定创业的大方向。譬如，擅长创作、思维活跃的人可以选择自媒体、广告、宣发等领域；在体育圈活跃的人可以从事与体育相关的业务。

3. 深挖细掘，确定目标

确定创业大方向后，接下来的任务就是在方向和范围内深挖细掘，寻找那些有一定市场需求，但供应和服务明显不足的项目。或者找一些创新的、细化的、有发展前景的项目。项目目标应当有3~5个，以备选择。

4. 理性分析，综合考量

创业不是游戏，需要投入真金白银和无数时间、精力。初步选定一些项目后，创业者还要综合考量自身的资源、能力、人脉、时间、精力和项目的投入产出比、前景等因素，理性分析，果断决策，最后选出项目中最优、最适合自己的那一个。

创业故事

王鑫是国内某知名大学的应届毕业生，今年22岁，性格开朗，活泼热情，崇尚自由，不喜欢被约束。

大学毕业后，她没去投简历、找工作，反而申请了大学生创业扶持基金，准备做一番自己的事业。

王鑫家境普通，手中的资金有限，并不敢投资风险较高的项目，只想找个投资少、风险小、自己熟悉的项目试手。

王鑫的本科专业是素有“就业万金油”之称的汉语言文学，但她本人并不喜欢创作，文学功底也不深，反而是动手能力十分强。

从中学开始，王鑫就特别喜欢汉服和古风饰品，大学时还加入了汉服社团，没事的时候常常和社团的朋友们一起穿上汉服、戴上古风的饰品，去旅游、采风、拍照。

不过，因为市场上的汉服品类单一、设计感不足，样式也不好看，配套的各种饰品更是千篇一律，所以，王鑫等人没少为找不到心仪的汉服和饰品而烦恼。

决定自主创业后，王鑫就把目光对准了这方面的空白，决定做手工定制汉服和古风饰品。

为此，王鑫翻阅了许多相关的书籍，尤其是关于古代服饰方面的，同时，利用自己的经验，自主设计、裁剪、制作了多套汉服，还制作了许多精巧、唯美、古典又贴合年轻人审美的发簪、手钏、流苏、璎珞等。

因为王鑫本身就是汉服圈子里的人，认识很多同行者，而且，她还是一个汉服贴吧的吧主，有一定的宣传能力，所以，在创业之初，她就很精准地找到了一些意向客户，和客户沟通后，很快就达成了合作。

等在圈子中积累了一定的名望和口碑，王鑫双管齐下，一方面利用自己的人脉，进行定向宣传；另一方面通过网络多媒体渠道，进行更大规模的推广。

与此同时，王鑫还不断探索、改进自身的设计，通过不断和客户交流，及时调整自己的思路，推陈出新，制作出了一系列让人眼前一亮的产品。

在她孜孜不倦的努力下，使原本不大的设计工坊迅速壮大，不到两年的时间，注册资本就超过了百万元。王鑫本人也凭此获得了“市十大杰出青年”的殊荣。有记者在采访时询问她创业成功的秘诀，王鑫笑了笑，回答说：“我只是认清了自己，选择了最适合自己的创业项目。除此，别无其他。”

知识点二：优质项目三要素

1.市场广阔

适合自己的项目当然是最好的项目，如果项目在适合自己的基础上，还能具有广阔的市场需求，无疑更加完美。随着社会分工的日益细化和专业化，只要创业者愿意就某一个领域垂直深挖、细挖，总能找到市场的空白，并借助这一空白开启属于自己的创业蓝海。

2. 个性化

三百六十行，行行出状元。一般来说，只要有需求，就一定会有市场，即便是再小众的需求，达到一定规模后，也能被量化，成为创业的优质项目。所以，创业者在选择项目时，不妨在自己擅长且适合自己的领域中不断深挖，多关注个性化的需求，从定制的角度入手，效果可能会更佳。

3. 专业化

创业项目好不好，主要看三个方面：一是市场前景；二是自适程度；三是可替代性。一般来说，越是专业性强的项目，就越不容易被替代。剪纸人人都会，但剪出山河万里、各种人物、建筑，只有少数人才能做到。会电焊的人不少，能够焊飞船的却寥寥无几。创业项目也一样，如果这个项目既适合自己，专业性又强，很难被取代，市场也稳定，那就是万里挑一的好项目。

思维导图

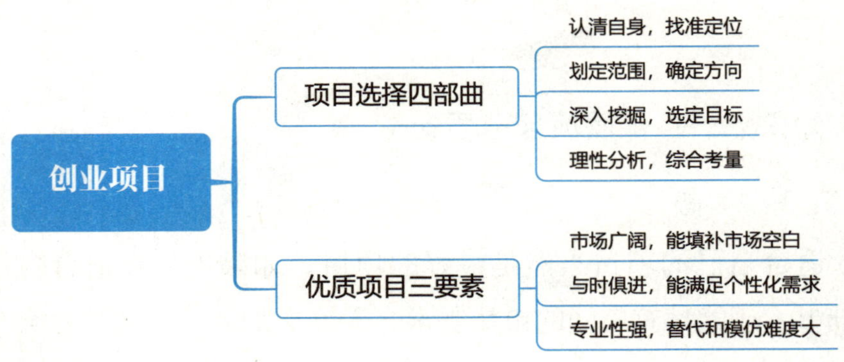

制定创业计划书：合理规划有方向

书中有言："凡事预则立，不预则废。"无论要做什么事，工作也好，创业也罢，在行动之前，都该提前做好规划。唯有做好规划，预先梳理好执行的脉络，才能在执行的过程中规避各种可能会犯的错误，提高执行效率，提振创业者的信心，让一切都变得得心应手、事半功倍。

磨刀不误砍柴工，合理规划事业成。

创业锦囊

知识点一：创业计划书包含的要素、作用和分类

创业计划书就像是建筑设计图，是一个企业、一个项目从无到有、从起步到运营再到未来发展，全面、多维、整体的规划，高屋建瓴，提纲挈领，是创业者创业过程中必不可少的一部分。一个好的创业计划书，不仅能帮助创业者成功叩开融资的大门，还能从整体上给创业者提供一个发展方向，让创业者按部就班、有条不紊地顺着计划的道路走下去。关于创业计划书，相关的知识有很多。

1. 创业计划书包含的基础要素

一份优秀的创业计划书，内容繁多，包罗万象。其中，最主要的有六要素：一是创业构想；二是创业目标；三是项目前景和市场分析；四是项目的盈利方式和盈利空间；五是项目的未来预期；六是项目运营过程中可能遇到的风险。

2. 创业计划书的作用

创业计划书既是写给自己看的，也是写给投资者看的。对自己而言，写计划书的过程，实际上就是对创业项目进行全面梳理和深入研究的过程。在这个过程中，创业者会注意到很多过往不曾注意的细节，并借此查漏补缺，既对项目可能遭遇的风险、会遇到的问题、运营的具体情况等有个大体了解，又能提前避免一些不必要的错误。对投资者而言，创业计划书就像是一个标杆，能让投资者对项目有个初步的了解，进而对项目的潜力、可操作性、盈利空间等有个大体的判断，以决定是否投资入股。

3. 创业计划书的分类

按照不同的分类标准，创业计划书可以分为多种类型。

按照撰写目的的不同，创业计划书可以分为扶持类、风投类和合作类三种类型。按照行业特性的不同，创业计划书可以分为传统产业类与高新科技类。按照服务类型的不同，创业计划书可以分为专利型、概念型、服务型、产品型四种类型。

创业故事

韩东大学毕业后进入一家大型连锁餐饮集团工作了6年，积累了一定的人脉和资金后，准备创业。

经过综合考量和实地调研后，韩东把创业目标放在了营养早餐方面，准备专注做营养早餐供应和配送项目。

在项目正式启动前，韩东先是对自身条件、项目资源等做了一次全面的梳理，撰写了一份创业计划书。

这份计划书，大体上分为四部分：

一是市场需求分析和竞争状况。在这一版块，韩东通过数据对比、问卷调查和多维统计的方式，对营养早餐的受众群体、需求量、需求群体群像、集中区域、区域内竞争对手和对手的情况做了总体的分析，并借此确定了自己的目标客户和先期配送区域。

二是自身产品和服务。在横向对比了同行的产品和服务后，韩东主动增加了自身产品的种类，如中式、法式、美式、德式等不同的早餐类型，还提供了个性化定制和混合搭配等不同选择，同时，还提供配送上门服务。

三是成本控制。针对可利用的资金，韩东做了具体又详细的资金预算。把购买原材料、雇用厨师、快递配送、宣传等各方面的费用都计算得明明白白，还预留出一部分风险预备金，以备不时之需。

四是盈利模式。韩东将盈利点细化，分别做了标注。成本多少，盈利多少，性价比多少，误差率多少，都做了详细的分析，给出了预期。

除了这些，在创业计划书中，韩东还做了风险分析和备用方案。

有了计划书，就像写文章有了大纲，解题有了思路，韩东在创业计划启动后，愈发显得成竹在胸。

一切都按照他的计划有条不紊地开展着。虽然偶尔也会遇到一些意外状况，但总体来说，整个创业执行过程还是相当顺利的。

只用了短短不到三个月的时间，韩东就积累了一批忠实的用户，拿下了多个小区的早餐配送业务和供应业务，获得了一定的利润。

在此基础上，韩东又拿着自己的创业计划书，找到了省内知名的风投企业，凭着详细的规划和出色的分析，成功拿到了两轮融资。

资金充足后，韩东迅速开拓业务、增加人手、抢占市场，建立了属于自己的供配体系，同时，还建立了自己的品牌。不到三年，他就从一文不名的创业者成了本市赫赫有名的青年企业家。

知识点二：撰写创业计划书时的注意事项

1. 创新在哪里

创业计划书的核心就是创新。比起大众型的创业项目，全新的技术、创意、运营模式、内容体现、盈利思路等，无疑更能吸引人的目光。因此，创业计划书在撰写时，一定要突出和表现一个“新”字。

2. 理性客观

在对创业计划进行阐述和分析的时候，创业者一定要做到理性客观，不要刻意夸大，也不能故意贬低，一定要按照市场调研和先期研究的结果，实事求是地进行分析，把项目的优点和缺点、利润和风险都写明白。

3. 执行性

所有创业计划走到最后，都必然面临执行关。再好的创意，再天才的构想，如果无法落地、实操、变现，对创业者和投资者来说就毫无意义。所以，在写创业计划书的时候，创业者一定要分析计划的可执行性并给出清晰的执行步骤，包括具体的方法、执行的细节、遇到问题时的应急措施等。

4. 盈利点

创业的根本目的就是盈利。在创业计划书中，一定要写出盈利模式、盈利预期、投入比和预期的产出比。如果可以，最好表明增值点、创收曲线、可衍化的周边项目等。

思维导图

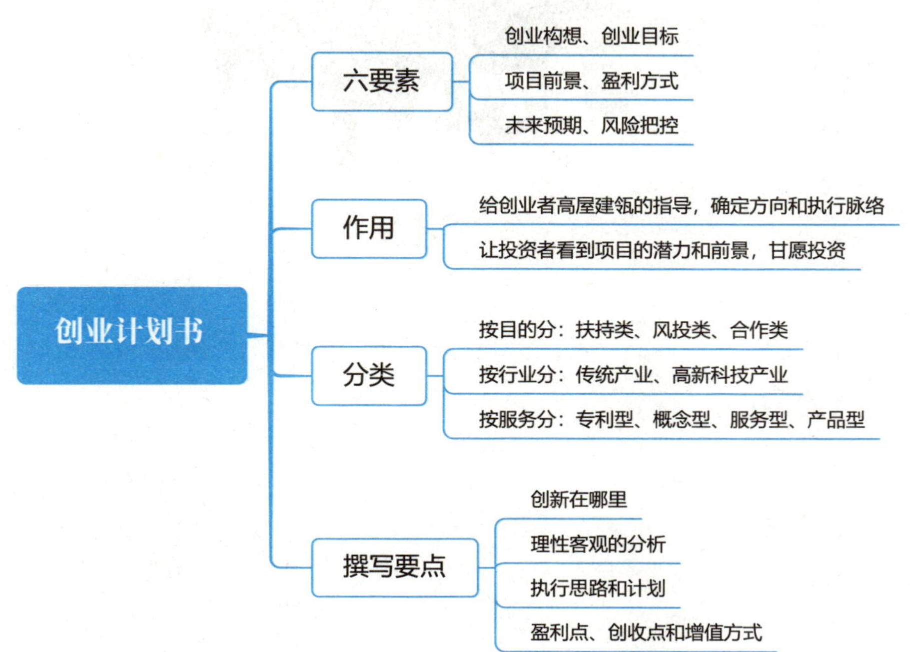

第三章

资源整合与筹备攻略

创业不能盲目，要有明确的创业目标，结合自身优势，选择刚需行业，如健康、教育等。还要整合现有资源，如人脉、技术、经验等，形成核心竞争力。同时，利用电商平台、社交媒体等低成本渠道，进行产品推广和销售。在资金筹备上，尽量通过个人储蓄、亲友借款等方式筹集启动资金，并合理控制成本，避免大规模固定资产的投资。此外，灵活调整策略，根据市场变化及时优化经营策略，降低风险。

创业资金筹集：小钱也能办大事

对于创业者来说，资金是个很大的问题。其实，想要获得资金，有很多途径。比如利用众筹、融资等渠道，吸引小额资金的支持。同时，参与创业比赛、申请政府补贴也是低成本获取资金的好方法。此外，还可以考虑与合作伙伴共享资源，分担成本。请记住，智慧比资金更重要，用创意和执行力弥补资金不足，小钱同样能开启大事业。

小钱同样能开启大事业。

创业锦囊

知识点一：创业资金的来源

筹集资金，对于每个创业者来说都是踏上征途的第一步，也是至关重要的一步。很多人满怀激情与梦想，但一提到钱就犯了难。别担心，即便是小本创业，也能用有限的资金撬动大事业。

在启动之前，得为自己的创业计划制定一个清晰的“账本”，知道需要多少钱，这些钱要花在哪些地方，这叫作财务预算，它能帮助你避免不必要的浪费，确保每一分钱都花在刀刃上。请记住，投资多少跟你想做的生意大小、卖什么、怎么卖，还有市场竞争情况都有关系。

接下来就开始筹集资金，主要有如下几种方式：

第一，“3F”原则。创业初期，资金往往紧张，这时候“3F”原则就派上了大用场。“3F”即家庭（Family）、朋友（Friends）、投资者（Funders）。家人和朋友的支持是无价的，他们的帮助不仅限于资金，还有情感上的鼓励和支持。当然，投资者的加入能带来资金和资源的双重助力，但别忘了明确各自的权利和义务，免得日后产生一些纠纷。

第二，借贷。随着项目的推进，如果内部融资不足以支撑，就可以考虑向银行、典当行或是小额贷款公司借钱。银行贷款虽然手续烦琐，但利息相对较低；典当行和小额贷款则更加灵活快捷，但利息可能稍高。无论是哪种方式，都要谨慎选择，确保自己有能力按时还款。

第三，新兴的融资方式。除了传统的融资渠道，还有一些新兴的方式也值得一试。比如天使投资和创业风险投资，它们专为有潜力的初创企业而生。天使投资者通常是富有的个人，他们用自己的资金帮助创业者实现梦想；而创业风险投资商则更加专业，他们不仅提供资金，还会带来管理和经营上的支持。

第四，创意融资方式，如租赁融资、典当融资、商业信用融资等。这些方式各有千秋，可以根据自己的实际情况和需求来选择。比如，如果你的设备或场地需求大，但又不想一次性投入太多资金，就可以考虑租赁融资；如果你手头有闲置物品，也可以尝试典当融资来应急。

创业故事

马晓一直怀揣着创业的梦想，但有限的资金让她在这条道路上走得小心翼翼。然而，她坚信小钱也能办大事，只要有决心和智慧。

马晓生活在一个小城市，她发现当地的特色小吃虽然美味，但没有一家能够提供便捷的外卖服务。于是，她决定开办一家主打本地特色小吃的外卖店。

然而，启动资金是首要难题，她总共只有3万元的积蓄。马晓没有被这点儿钱束缚住手脚，而是精心规划每一笔开支。她租下了一个位置稍偏但租金便宜的小店面，自己动手进行简单的装修。为了节省设备采购成本，她跑遍了二手市场，淘到了质量不错的炉灶和冷藏柜。

在食材采购方面，马晓与当地的农户建立了合作关系。虽然每次采购的量不大，但她通过真诚的沟通和长期合作的承诺，获得了较为优惠的价格。

为了宣传自己的外卖店，马晓充分利用社交媒体的力量。她精心拍摄制作美食的过程和成品照片，分享在朋友圈和当地的美食论坛上。同时，她还推出了一系列优惠活动，比如新用户下单立减、分享朋友圈集赞送小吃等。这些低成本的营销方式吸引了不少人的关注。

然而，开业初期，订单量并不理想。马晓并没有气馁，她开始收集顾客的反馈意见，不断改进菜品的口味和包装。她还主动与一些企业和学校合作，提供团购服务。

随着口碑的逐渐提升，马晓的外卖店生意越来越好。她用赚到的钱逐步扩大了经营规模，雇了兼职的配送员，增加了菜品的种类。

在这个过程中，马晓始终保持着谨慎的态度，控制成本，确保每一分钱都花在刀刃上。经过一年的努力，她的外卖店已经在当地小有名气，不仅实现了盈利，还积累了一批忠实的顾客。

马晓的创业故事证明，即使是小成本创业，只要有清晰的规划、坚定的信念和灵活的策略，小钱也能成就一番大事业。她用自己的智慧和努力，在低风险的情况下，实现了创业梦想，为更多的创业者树立了榜样。

知识点二：花钱的要点

创业过程中，赚钱固然重要，但花钱也很重要。这里有几条实用的建议，帮你合理花钱。

1. 精打细算过日子。钱要花得值，比如找性价比高的办公地点，买东西时可以多方比价，甚至可以买一些二手的设备。

2. 专注核心慢慢来。开始时，集中精力做好一件事，等站稳脚跟再考虑拓展其他业务。如果一开始就把摊子铺得很大，需要花很多钱不说，而且大概率要赔本。

3. 免费营销显奇效。利用社交媒体免费平台，靠优质内容吸引粉丝。比如一些手工饰品，就可以通过在网络上分享制作过程来吸引顾客，从而带动销量。

4. 合作共赢轻松行。找到志同道合的伙伴，一起分担成本和风险。

5. 控制成本，但不盲目降低成本。举个例子，如果为了节省制造成本而选用了质量不过关的原材料，或是雇用了技能不足的工人，结果可能会使产品故障频发，导致维修费用飙升，甚至可能引发法律纠纷，让未来的成本不降反增。

思维导图

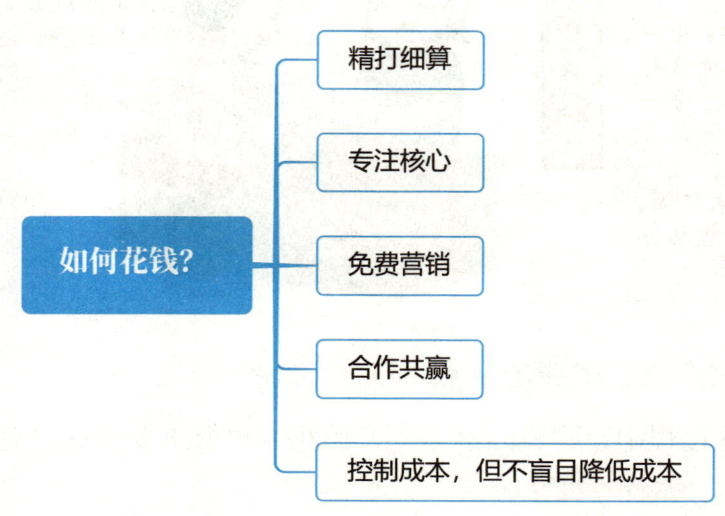

人脉资源搭建：众人拾柴火焰高

创业离不开人脉，这就像是宝贵的人才宝库。每个创业项目都渴望得到更多人的关注、援手和鼓励，因此，建立和维护好人脉网络至关重要。创业者不仅要珍惜现有的社交关系，还得不断拓展新的社交圈，这样才能为项目引来更多的资源和助力。

不仅要珍惜现有的社交关系，还得不断拓展新的社交圈。

创业锦囊

知识点一：如何开发人脉资源

创业路上，人脉资源是创业者不可或缺的宝贵财富，它关乎你能否迅速搭建起广泛的支持网络。每个创业者都站在自己的资源基础上启航，而构建和扩展人脉的能力，正是衡量其综合素质的重要指标。想象一下，若不能快速编织起人脉网，即便初期凭借技术优势或个人努力小有成就，长远来看，事业的天花板也会清晰可见。

那么，如何有效开发人脉资源呢？

第一，利用身边的“熟人效应”。调查显示，大多数人找工作或找人才倾向于通过朋友介绍，这种方式高效且可靠。因此，不妨列出你的目标人脉领域，请现有的朋友帮忙搭桥牵线，主动创造机会去结识那些能帮助你成长的人。

第二，参加各类培训班。这里会聚了志同道合的伙伴，不仅是学习新知、拓宽视野的乐园，更是结识行业精英、拓展人脉的绝佳平台。通过交流互动，你能发现更多的合作可能，甚至找到未来的合作伙伴。

第三，别错过任何一次社交活动。无论是同学聚会、老乡联谊，还是行业沙龙、庆典活动，都是展示自我、结识新朋友的绝佳场合。在这些场合，让每一次露面都能为你的职业和事业加分。请记住，人脉不是数量竞赛，而是质量的较量。

创业故事

刘林一直怀揣着创业的梦想，但有限的资金和对风险的担忧让他迟迟不敢迈出第一步。直到有一天，他偶然发现了一个商机——手工定制饰品。

刘林深知自己资金有限，无法承担高昂的店面租金和大量的原材料采购成本。但他并没有因此放弃，而是决定从线上销售开始。他利用自己的积蓄购买了一些基本的制作工具和少量的原材料，在自己的小屋里开始了创业之旅。

一开始，刘林的产品无人问津。但他没有灰心，想起了自己上大学时的好友小王，小王在社交媒体运营方面有着丰富的经验。刘林联系上了小王，向他说明了自己的困境。小王毫不犹豫地答应帮助刘林，利用自己的专业知识为刘林的手工饰品制定了一套详细的社交媒体推广方案。

在小王的帮助下，刘林的饰品逐渐引起了一些人的关注。这时，刘林又通过以前的同事结识了一位电商平台的负责人。通过这位负责人的介绍，刘林成功地在电商平台上开设了自己的店铺，获得了更多的曝光机会。

随着订单的逐渐增加，刘林一个人已经无法满足日常的生产需求。正在他为此发愁时，曾经一起参加手工制作兴趣班的同学们纷纷主动伸出了援手。他们利用业余时间帮助刘林制作饰品，不仅保证了产品的供应，还为刘林提供了很多有创意的改进建议。

在一次手工饰品展览会上，刘林结识了一位知名的时尚博主。这位博主对刘林的产品赞不绝口，并在自己的博客上为刘林的饰品做了推荐。这一推荐让刘林的饰品瞬间成了热门的销售商品，订单如雪片般飞来。

在创业的过程中，刘林还遇到了资金周转困难的情况。这时，一位曾经的合作伙伴毫不犹豫地借给他一笔资金，帮助他渡过了难关。

在众人的帮助下，刘林的手工饰品生意越做越大。他不仅实现了自己的创业梦想，还收获了宝贵的友谊和经验。

回顾自己的创业历程，刘林感慨万分：“如果没有朋友们的帮助，我根本不可能走到今天。众人拾柴火焰高，人脉资源就是我创业成功的关键！”

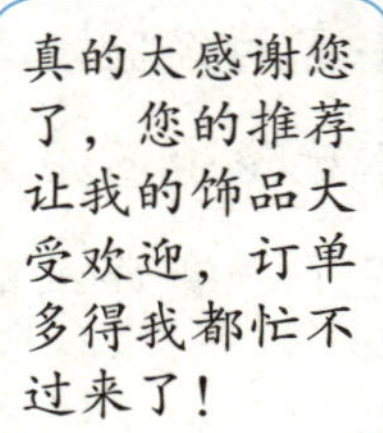

知识点二：如何挑选创业合伙人、搭建创业团队

俗话说，“众人拾柴火焰高”，合伙创业是条双赢的路，既能拓宽人脉，又能携手共进，共赴财富盛宴。其首要任务是精挑细选合伙人，组建一个高效团队，让他们分担日常琐事，让你有更多的精力谋划大局，避免琐事缠身。

1. 找合伙人的门道

如果你是创业新手，人脉不广，不妨先从亲朋好友中寻觅，毕竟知根知底，沟通无障碍，信任基础牢。若圈内无合适人选，网络世界也是好帮手，发布你的创业愿景，吸引同频共振的伙伴加入。

选合伙人时，几个要点要记牢：一要诚实守信，说到做到；二要志趣相投，理念一致；三要优势互补，各展所长；四要德才兼备，人品与能力并重。

2. 合伙协议的重要性

事先拟好一份公平合理的合伙协议，它就像定海神针，给每位合伙人吃下定心丸，为日后可能出现的分歧或问题提供解决方案。

3. 如何增进合伙人之间的关系

合伙创业，就是同舟共济，关系得维护好。第一，目标、职责、规矩得明明白白；第二，多换位思考，理解对方的立场；第三，强化团队意识，心往一处想，劲儿往一处使；第四，沟通时耐心倾听，化解误会；第五，培养团队精英，提升整体实力，让团队越来越强大。

思维导图

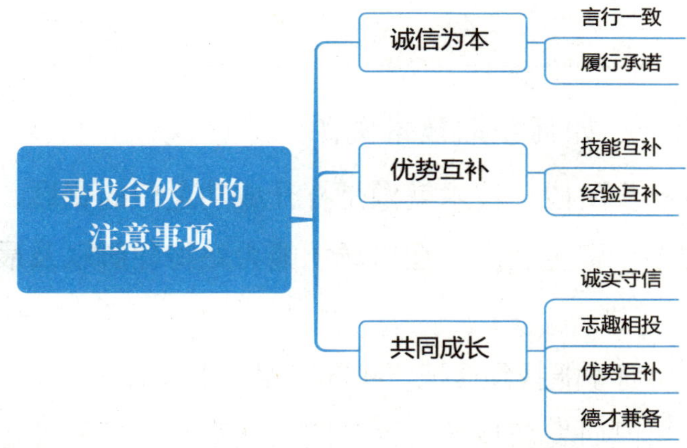

技术与信息武装：提升核心竞争力

技术和信息如同两把利剑，对于增强核心竞争力至关重要。要想让技术和信息成为强大的后盾，并非一蹴而就。不仅要舍得花钱搞技术研发，建好信息系统，还要下功夫吸引和培养顶尖的技术与信息人才。简言之，要想在商海中乘风破浪，就必须紧紧握住技术和信息这两大法宝。

技术和信息对增强核心竞争力至关重要。

创业锦囊

知识点一：如何获取技术资源

在创业起步阶段，技术就像是打开成功之门的钥匙，它直接关系到你需要多少资金、产品在市场上能否站得住脚以及最终能赚多少钱。

那么，如何才能找到这把“钥匙”呢？下面有五种实用的方法。

第一，自己研发新技术。这条路虽然艰难，但好处是技术完全掌握在自己手里，对项目的控制力更强。然而，这也意味着你要投入大量的时间、金钱，还要承担失败的风险。所以，走这条路前一定要三思而后行，确保自己有足够的资本和决心去应对挑战。

第二，直接购买现成的成熟技术。这就像你买了辆新车，直接就能开上路，省去了组装和调试的时间。通过市场寿命分析，你可以快速判断这项技术是否还“年轻”，能否帮你抓住市场机遇。

第三，找科研院所或大学合作。这些地方会聚了众多技术前沿的专家和学者，他们很乐意看到自己的研究成果变成实实在在的产品。合作不仅能让你获得技术支持，还能提升产品的专业度和竞争力，尤其适合那些既想保持技术领先地位又担心实力不足的中小企业。

第四，尝试吸引那些手握关键技术的人加入你的团队。他们不仅带来了技术，还可能是这项技术最懂行的人。这样一来，你不仅省去了培训新人的时间，还能激发更多的创新点子。当然，这也意味着你要准备好分享一部分公司的决策权，并且说服他们加入你的团队。

第五，购买有潜力的前沿技术。这种技术虽然还没完全成熟，但胜在价格相对亲民。购买下来后，你可以根据自己的需求进行后续开发，让它更符合市场需求，从而创造更大的价值。

创业故事

郭天是一个普通的上班族，每天过着朝九晚五的生活，心中却怀揣着创业的梦想。然而，资金有限和对风险的担忧让他一直犹豫不决。

一次偶然的机会，郭天在网上看到了一篇关于利用互联网技术和信息进行低成本创业的文章并深受启发。他开始深入研究各种新兴技术和市场信息并发现了一个潜在的商机——个性化定制家居饰品。

郭天利用业余时间学习相关的 3D 打印技术，通过网络教程和在线交流，逐渐掌握了这门技术。同时，他通过大数据分析，了解到消费者对于个性化家居饰品的需求日益旺盛，尤其是年轻人，他们追求独特、与众不同的家居装饰。

在筹备创业的过程中，郭天没有选择租金昂贵的店面，而是在自己的家中腾出一个小角落作为工作室。他购买了一台二手的 3D 打印机，大大降低了设备成本。

为了吸引客户，郭天在社交媒体上开设了账号，展示自己的作品，并积极地与潜在客户进行互动。通过社交媒体的精准营销，他逐渐积累了一批粉丝和订单。

随着业务的不断开拓，郭天开始与一些小型材料供应商合作，通过批量采购降低了原材料成本。同时，他还利用云计算服务来存储和管理客户数据，有效地提高了工作效率。

在面对客户的特殊需求时，郭天充分利用网络资源，搜索相关的设计灵感和解决方案。他凭借着技术和信息的优势，不仅快速地为客户提供了满意的设计方案，还按时交付了高质量的产品。

经过一段时间的努力，郭天的个性化定制家居饰品生意越来越红火。他不仅收回了初期的投资，还实现了盈利。更重要的是，他通过技术与信息的武装，以小成本、低风险的方式实现了自己的创业梦想，提升了自己在市场中的核心竞争力。

如今，郭天计划进一步扩大业务规模，招聘更多的员工，开设线下体验店，将他的创业之路走得更加宽广。他的故事激励着更多有志于创业的人，只要善于利用技术与信息，小成本、低风险的创业并非遥不可及。

知识点二：如何收集信息资源

信息资源如同创业者手中的宝藏地图，指引着成功的方向，但这宝藏的位置瞬息万变，要求创业者必须具备敏锐的洞察力和高效的整合能力。与人力、物力、财力和自然资源并驾齐驱，信息资源同样是创业企业的核心要素之一，理应得到如同其他资源般的精心管理和优化配置。以市场信息收集为例，常见的收集方法有如下几种：

第一，顾客调查法。直接询问消费者对新产品或服务的看法，特别是价格敏感度、品质评价及款式偏好，从而收集宝贵的反馈。

第二，间接调查法。对于不易直接获取的数据，如人口结构、地方经济概况，创业者可借助年鉴、销售报告等间接资料，或查阅政府公告、行业报告，甚至委托专业的咨询公司进行调研，以全面掌握市场动态。

第三，借助媒体。报纸、杂志、电视、广播及网络，每天都在传递经济、科技、社会、市场、政策及法律等方面的海量信息。虽然这些信息多为概览性质，但它们是寻找线索的宝库，能够指引我们深入探索。

思维导图

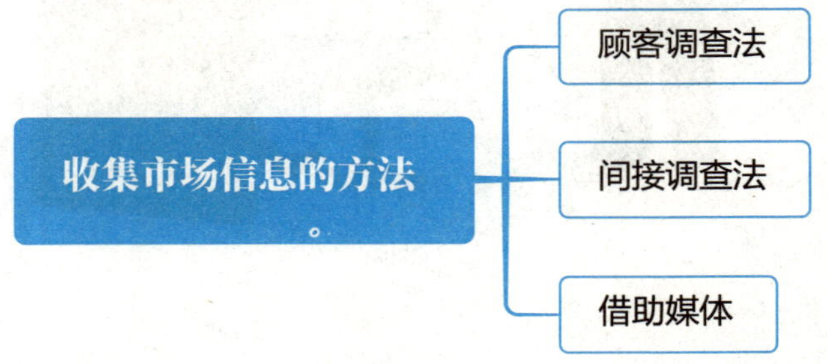

创业场地筹备：精益创业降成本

创业初期，场地筹备很关键。找性价比高的共享空间或灵活租赁，减少初期的资本投入。装修简洁实用，避免奢华浪费。合理规划布局，提升空间的利用率。利用线上平台远程办公，减少实体空间需求。这样既能快速启动项目，又能有效控制成本，为创业成功打下坚实的基础。

既要快速启动项目，又要有效控制成本。

创业锦囊

知识点一：创业场地的原则

创业之初，公司规模尚小，资金紧张，选择合适的办公场地显得尤为关键。这不仅是公司运营的基石，更关乎公司的成本效益与长期发展。作为创业者，挑选场地时需细致考量，确保每一分投入都能精准助力企业成长。

具体来说，挑选场地要遵循以下几个原则：

第一，量力而行，需考量租金负担。租金是初创企业的重要开支之一，需结合启动资金与初期运营预算谨慎使用。既要确保租金不成为沉重的财务负担，又要考虑地段带来的潜在收益，寻找性价比高的办公场所。然而，便宜不一定划算，高价地段往往伴随着更高的客流量和消费能力。

第二，合法合规，遵守行业规定。不同行业对场地有特殊要求，如餐饮业需通过环保与卫生检验，工业项目则需满足环保标准。因此，务必事先了解并满足相关规定，避免日后因违规而蒙受损失。

第三，找准“地利”，即场地位置要贴近目标客户群。想象一下，如果你的目标客户是都市白领，那么位于繁华商务区的办公室自然更为合适；如果你的目标客户是面向社区居民的便利服务，社区门口或附近的小店则更为贴心。地段的选择直接关系到潜在客户的可达性和购买意愿，是盈利的先决条件。

第四，交通便利，停车无忧。无论是实体店还是办公楼，良好的交通条件都是吸引顾客的关键。对于实体店而言，门前是否有足够的停车位，周边交通是否便捷，都会直接影响顾客的到访意愿。对于办公楼来说，便捷的公共交通和充足的停车位则是员工满意度与工作效率的保障。

第五，注意邻里关系。周边商业环境直接影响你的竞争态势与客源共享。同业竞争激烈，异业则可能带来互补效应。选择合适的“邻居”，有助于形成良好的商业生态。

创业故事

小王一直梦想着开一家属于自己的健身房，但手头资金有限，这让他每一步都走得格外艰难，力求在有限的预算内实现最大的效益。

眼光独到的小王把目光投向了正在蓬勃发展的新兴商业区。这些地方虽然还未完全成熟，但潜力无限，更重要的是租金亲民。经过多轮实地勘察和与房东的耐心沟通，小王终于锁定了一块位置优越、面积适中的场地，租金比繁华地段整整少了三分之一，这无疑为他的创业之路开了个好头。

在设备采购上，小王展现了他的智慧与节俭。他没有盲目跟风，追求最新、最贵的健身器材，而是选择了一条更为经济实用的道路。他频繁参加健身器材的展销会，直接与厂家对话，凭借真诚的态度和明确的需求，争取到了不小的折扣。同时，他也不忘探索二手设备市场，经过一番精心挑选，那些保养得当、性能依旧强劲的二手器材成了他的“心头好”。经过简单的翻新和维护，这些器材焕然一新，不仅满足了健身房的需求，还大大地节省了开支。

为了进一步压缩成本，小王还展现出了他的商业头脑。他与几家信誉良好的健身设备供应商建立了长期的合作关系，承诺定期采购，从而换来了更加优惠的价格和额外的服务支持。这样的合作既保证了设备的质量与供应，又有效控制了成本。

在场地装修上，小王更是亲力亲为，从设计到选材，每一个环节都力求经济、实用且环保。他拒绝了昂贵的装修公司，转而选择了一支性价比高、经验丰富的施工队伍。在装修过程中，小王严格监督，确保每一分钱都花在刀刃上，避免了不必要的浪费和返工。

此外，小王还巧妙地利用了场地的每一寸空间。他将那些看似无用的角落改造成储物间或员工休息区，既满足了实际需求，又提高了场地的整体利用率。这样的设计不仅让健身房看起来更加宽敞有序，还在无形中降低了单位面积的成本。

就这样，小王凭借着精打细算和不懈努力，成功完成了健身房的场地与设备筹备工作。他的健身房虽然没有豪华的装修和顶级的设备，但十分实用。这份对成本的精准控制和对品质的执着追求，为他的创业之路奠定了坚实的基础。

知识点二：精益创业

精益创业的核心在于高效利用资源，即精打细算地管理时间、人力、物力和财力，力求迅速明确市场定位，避免无谓的消耗。在信息爆炸的时代，创业者若不具备持续学习的能力，不擅长多渠道搜集并整合多元化、多维度的信息来进行综合判断，也不掌握大数据分析工具，那么其成功之路将会异常难走。

精益创业有如下五项原则：

1. 创业者无处不在：创业活动不局限于特定地点或形式，任何尝试创新的人都可视为创业者，精益创业方法适用于各行各业。

2. 创业即管理：新创企业需要新的管理方式来应对不确定性，强调创新是企业持续增长的关键。

3. 经证实的认知：在创业过程中，通过频繁实验验证愿景，学习如何建立可持续业务。

4. 开发—测量—认知：将创意转化为产品，快速获取顾客反馈，根据反馈调整策略，加速反馈循环。

5. 创新核算：建立新的核算体系，衡量进度、设定目标、优化资源分配，确保创新活动的高效进行。

思维导图

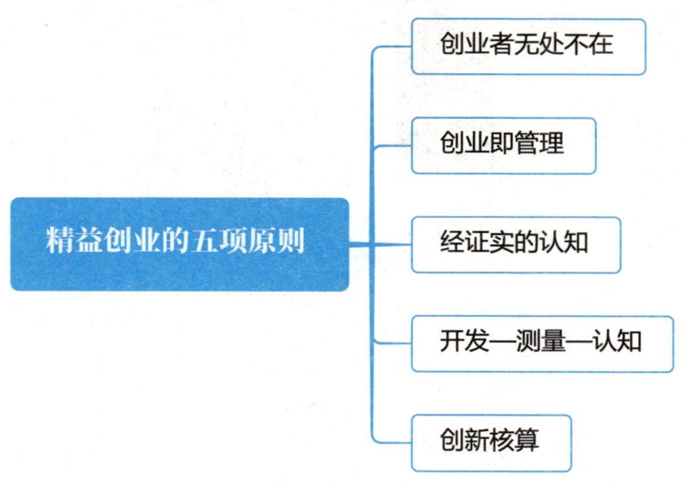

第四章

营销魔法与推广策略

小成本创业，营销与推广要巧用策略。比如，利用社交媒体免费平台，发布高质量内容吸引目标顾客。此外，口碑营销也很重要，可以提供优质服务让顾客自发宣传。总之，小成本也要大智慧，精准定位，巧妙营销，让每一分投入都物超所值。

精准品牌定位：差异化定位赢市场

精准品牌定位，就是要找到你的产品或服务与众不同的点，即差异化。想清楚你的目标顾客是谁，他们需要什么，你又能如何独特地满足这些需求。一旦确定了这点，就要全力以赴地传达给市场，让你的品牌在顾客心中占据独一无二的位置。差异化定位，就是让你的品牌脱颖而出，赢得顾客的青睐，从而在市场上站稳脚跟。

要找到你的产品或服务与众不同的点。

创业锦囊

知识点一：高价值的定位

在寻找品牌定位时，人们常聚焦于四个核心：职业专长、市场需求、兴趣爱好以及可触达的目标用户。然而，一个常被忽视却至关重要的要素是：有效触达目标客户。将这四大要素综合考量，你会发现无限可能，为个人品牌的塑造开辟多条道路。真正有价值的定位是这四个方面完美融合的结果，即它们共同指向的那个交集点，才是你应当追求的、能够创造高价值的定位。

简言之，如果能够找到这四个要素的共通之处，你的个人品牌之路就会更加清晰。

第一，从职业专长出发，这包括你的硬技能。比如你是设计高手或英语教育者，这些专业背景是你最坚强的后盾，容易赢得客户的信任。同时，别忘了你的软技能，比如沟通能力、写作能力，它们同样能点亮你的品牌之路。

第二，从市场需求出发。一个好的定位必须解决实际问题，满足他人需求。通过市场调研，了解客户的需求、市场的缺口，再结合自身优势，找到那个既能助人又能实现自我价值的领域。请记住，商业的本质在于利他，你的品牌越能服务于人，就越有市场。

第三，从兴趣爱好出发。做自己喜欢且热爱的事，能让你的坚持充满动力。真正的热爱是愿意投入时间、精力和金钱去追求的，而非仅仅停留在口头上。如果还没找到那份热爱，不妨从现在开始探索，尝试新事物，看看哪一项能让你乐在其中且不计回报。

第四，也是最容易被忽视的一点——可触达的目标客户。这意味着你的定位不仅要符合你的专长和兴趣，还能实际接触到潜在客户。人脉圈不仅限于现在，更包括未来的可能性。一个优秀的定位能让你轻松触及目标人群，实现快速转化。更重要的是，它可以让你享受这个过程并将其视为终身事业。

创业故事

朱鑫一直有个创业梦，但钱袋子不鼓，又怕失败，所以迟迟没动手。直到有一次，她接触到了“品牌定位”这个概念，就像找到了宝藏地图的钥匙，一下子照亮了她的创业之路。

朱鑫在市场里逛了逛，发现大家吃的面包、蛋糕都差不多，要么太甜，要么太传统，没什么新意。于是，她灵机一动，心想：现在人们越来越注重健康，要是开一家专门做低糖、健康烘焙的店，会不会很受欢迎呢？于是，她决定给自己的烘焙小店起名叫“低糖健康烘焙坊”，走和别人不一样的路。

为了省钱，朱鑫挑了个租金便宜的地方开了一家小店，自己动手简单装修了一下，小店既温馨又实用。在产品上，她也下了大功夫，用全麦面粉和天然代糖做蛋糕，用好的材料做低糖面包，吃起来既健康又美味。她还特意在包装上写清楚用了什么材料，有什么营养，让顾客买得放心，吃得开心。

为了让更多人知道她的小店，朱鑫还接触了社交媒体。为此，她特意开了个账号，天天分享自己怎样做烘焙，还教大家怎样吃得更健康。不仅如此，她还和附近的健身房合作，给来健身的人送优惠。这样一来，那些爱健身、爱健康的人就都成了她的顾客。

时间一长，“低糖健康烘焙坊”在社区里的口碑越来越好，大家都说这儿的东西既好吃又健康。慢慢地，连一些公司也开始找她订蛋糕或面包作为福利发给员工，她的生意越做越大。

朱鑫知道，要想长久发展，就得一直保持自己的特色。所以，她不断地在产品上下功夫，让味道更好、更健康。虽然创业路上困难不少，但她因为找准了定位，又懂得怎么省钱，所以走得很稳当。

现在，“低糖健康烘焙坊”已经是当地小有名气的健康烘焙店了。朱鑫看到店里忙碌的景象，心里别提多美了。她还打算开分店，让更多人都能吃到她做的健康美味的烘焙食品。

知识点二：如何实现精准定位

当我们尝试找到独特的定位时，如果发现市场已有人先行也不用害怕，我们可以从以下两方面着手打造差异化。

一方面，看清外部环境。

1. 精准锁定目标客户：像画肖像一样，越精细越好。比如专为海外华人商科求职者服务，这样的定位就很独特，能迅速从市场上脱颖而出。请记住，别想着取悦所有人，应该先让一部分人超级满意。

2. 跟上行业趋势：选择正处于上升或成熟期的行业，这样成功的概率更大。不要碰不景气的行业，否则会费力不讨好。

3. 研究竞争对手：看看他们怎么做，但别照搬。借鉴经验，找出你能做得更好的地方，打造你的独门秘籍。

另一方面，向内探索自己。

试着问问自己：想成为怎样的人？别人怎么看你？差距在哪里？怎样一步步接近理想中的自己？通过个人品牌，展示给世界看，你在成长，在接近梦想。

请记住，定位不是一锤子买卖。先按初步定位行动起来，做产品，搞营销，再根据市场反馈不断进行优化。当你在某个领域做出名堂时，自然会吸引更多客户，这时再根据新的需求拓展多元定位。定位是活的，要边做边调整，直到找到最适合自己的那片天。

思维导图

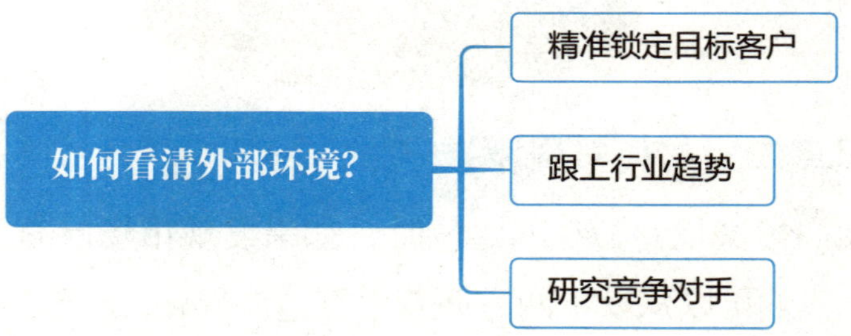

社交媒体营销：引爆网络影响力

如果你精通网络运营的门道，懂得如何打造并经营自己的独特魅力，那么，借助互联网实现零成本创业的梦想其实就在眼前。别小看了日常使用的那些社交软件，它们都能摇身一变，成为你创业路上的得力助手。

互联网工具可以成为创业的得力助手。

创业锦囊

知识点一：社交媒体营销的优势

“社交媒体”作为当今互联网的热门词汇，它不仅仅是人们交流互动的平台，更是企业营销的新蓝海。在这个数字化时代，社交媒体赋予了每个人发声的机会，也让企业能以全新的方式触及消费者。

社交媒体营销具有传统网络媒体营销的大部分优势，比如传播内容的多媒体特性、传播不受时空限制、传播信息可沉淀带来的长尾效应等。与普通的网络媒体营销相比较，社交媒体营销有以下优势：

第一，社交媒体能精准地找到目标客户。借助大数据分析，企业能从用户的公开信息中挖掘出他们的兴趣、消费习惯等宝贵信息。这样一来，当企业推送广告时，就像是直接对话那些最有可能感兴趣的人，效果自然倍增。此外，随着手机的普及，利用地理位置特性，营销还能更加贴心和精准。

第二，社交媒体让企业能以极低的成本组建起强大的粉丝军团。这些忠实的粉丝就像企业的免费宣传大使，一有新品或活动就可以自发传播。

第三，社交媒体让企业与用户的互动变得更加紧密。以前，广告投出去就像石沉大海，难以得到用户反馈。但现在，企业有了官方账号，就能与用户即时互动，听取意见，解决问题，甚至把顾客变成朋友。这种亲近感，是构建良好品牌形象的关键。

第四，社交媒体是一座低成本的数据金矿。通过海量的数据分析，企业能轻松进行舆论监控，及时发现并应对危机。同时，这些数据也是市场调研的宝库，帮助企业洞察消费者的需求，指导产品开发和优化。比如，蛋糕店老板看到网上大家对欧式蛋糕抱有极大的热情，就可以快速调整策略，满足消费者的需求。

创业故事

林芝在一家公司辛勤工作多年后，决定辞去稳定的工作，追求自己创业的梦想。她看准了社交媒体营销的潜力，希望能以小成本、低风险的方式开启自己的事业。

林芝选择了宠物用品作为创业方向。她深知如今人们对宠物的关爱日益增加，市场需求不断扩大。但在竞争激烈的市场中，她需要找到独特的卖点。

林芝首先在微博上创建了一个账号，分享自己与宠物相处的温馨瞬间以及一些实用的宠物养育知识。她的文字充满温情，图片也生动可爱，很快便吸引了一批宠物爱好者的关注。

接着，她又在抖音上发布了有趣的宠物短视频。有的是宠物们搞笑的瞬间，有的是宠物训练的小技巧。通过持续更新优质的内容，她的抖音账号也积累了不少粉丝。

为了增加与粉丝之间的互动，林芝会定期举办线上宠物摄影比赛，邀请粉丝们分享自己宠物的美照，并设立奖品。这不仅提高了粉丝的参与度，还让更多的人了解到她的账号。

在积累了一定数量的粉丝后，林芝开始推出自己精心挑选的宠物用品。她不仅在社交媒体上详细介绍产品的特点和优势，还分享粉丝们的使用反馈。

由于没有足够的资金进行大规模的广告投放，林芝选择与一些宠物领域的小博主合作。他们互相推广，扩大了彼此的影响力。同时，林芝非常注重客户服务。对于每一个前来咨询和购买的客户，她都耐心解答疑问，确保客户满意，良好的口碑通过社交媒体迅速传播开来。

随着订单逐渐增多，林芝的宠物用品生意越做越大。她从最初的一个人在家中打包发货，到后来租了一个小仓库，聘请了几名员工帮忙。

林芝凭借着对社交媒体的巧妙运用，以极小的成本和较低的风险，成功打造出了一个备受欢迎的宠物用品品牌。她的故事激励着更多有创业梦想的人，只要有创意、有决心，借助社交媒体的力量，就能实现自己的理想。

知识点二：社交媒体营销的策略

许多跨境电商如今都倾向于利用社交媒体进行营销，因为它成本低廉，能精确瞄准目标客户，互动性强，且能即时获取完整的客户反馈，这些都是传统营销手段难以比拟的优势。越来越多的跨境电商正尝试通过社交媒体营销开辟新的市场。那么，创业者要想在社交媒体营销上取得成功，简单来说，可以采用以下几种策略：

首先，要明确社交媒体是营销组合的一部分，需与其他营销策略协同作战，而非单打独斗。其次，要充分利用社交媒体的互动性，鼓励用户积极参与，加强品牌与消费者之间的联系。再次，通过社交媒体深入了解并满足客户需求，建立长期的客户关系。同时，要重视客户的即时反馈，快速调整策略，以适应市场变化。

此外，举办线上活动、利用社交媒体预热新产品、引导话题讨论等也是提升品牌影响力和用户参与度的有效手段。但需注意的是，内容创新和合规性同样重要，避免过度营销触及法律底线。

最后，保持社交媒体的活跃度，定期与粉丝互动，是维持用户黏性和品牌热度的关键。总之，社交媒体营销的成功在于策略得当、内容吸引人、互动频繁且合规。

思维导图

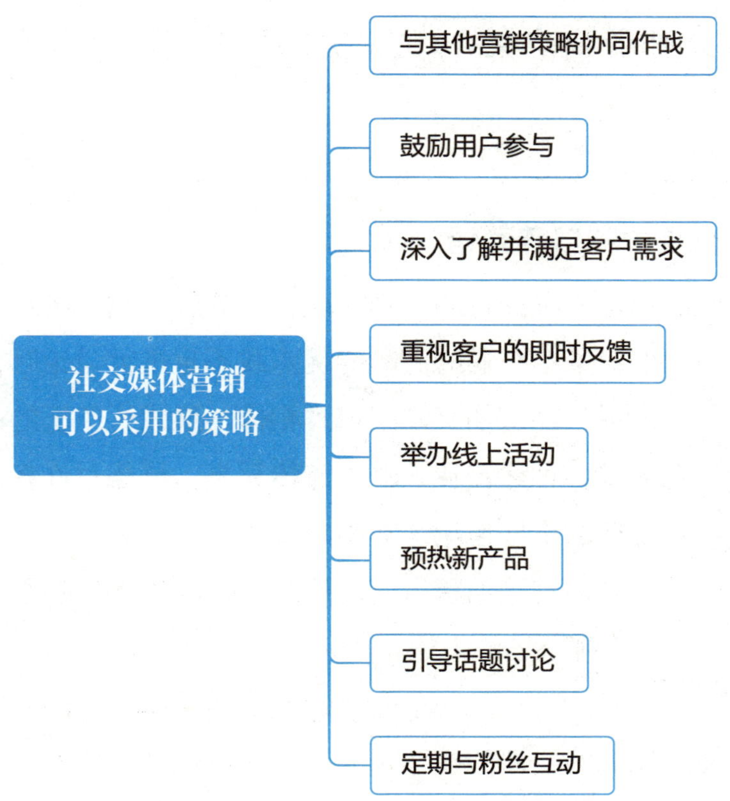

口碑营销秘诀：口口相传树声誉

随着移动互联网的普及，消费者有了更多的渠道来分享他们的购物心得和产品体验，这些信息在社交媒体上迅速传播，吸引好友们的关注和转发。在这个新媒体盛行的时代，为了吸引更多的消费者，并将其转化为品牌的忠实粉丝，创业者应当充分利用网络传播的力量，塑造积极正面的品牌形象，通过良好的口碑来实现有效的市场营销。

充分利用网络传播的力量，塑造积极正面的品牌形象。

创业锦囊

知识点一：口碑营销

口碑营销是一种独特的营销手段，它依赖于消费者之间的自然交流。当人们对某个企业的产品的优点或不足进行讨论时，这些讨论就像一股力量，在亲朋好友间口耳相传，形成了广泛的口碑。这些口碑信息通过各种途径在人群中流传开来，最终对许多人的购买选择产生了重要的引导作用。在整个过程中，口碑营销一直在发挥作用。简单来说，就是消费者之间的对话，能大大影响别人的购买决定，这就是口碑营销的力量。

口碑营销，简言之，就是让消费者自愿成为品牌的“代言人”，通过他们的好评和推荐，为产品赢得更多信任和支持。要玩转口碑营销，关键在于掌握五大核心要素，它们就像是口碑传播的“金钥匙”。

第一，要有“谈论者”。那些热衷于分享自己购物体验的朋友，他们可能是这个品牌的忠实粉丝，也可能是初次尝试就被深深吸引的新顾客。没有他们，口碑就无从谈起。

第二，话题很关键。这个话题得是大家感兴趣的，比如产品的独特卖点、超值的性价比，或是服务中的小亮点。只有这样的内容才能引发讨论，让人印象深刻。

第三，“推动工具”，这就像是口碑传播的加速器。互联网时代，社交媒体、视频平台等都是强有力的工具。但如何用好它们，让口碑传得更远、更响，就要看营销者的智慧了。

第四，营销者和消费者的参与。口碑营销不是单向的宣传，而是双向的互动。营销者要主动加入讨论，和消费者打成一片，这样不仅能延续话题热度，还能加深彼此的感情。

第五，跟踪了解。要了解消费者都在说些什么，他们对品牌的看法如何。这样才能及时调整策略，确保口碑营销始终走在正确的道路上。

创业故事

张南一直梦想着拥有自己的事业，但资金的匮乏和对风险的担忧让他迟迟不敢行动。然而，一次偶然的机会，让他发现了口碑营销的巨大潜力并踏上了小成本、低风险的创业之路。

张南决定从家乡的特色美食 —— 手工辣椒酱入手。他深知要在竞争激烈的市场中脱颖而出，产品的品质至关重要。于是，他花费大量时间研究配方，选用新鲜的辣椒和优质的调料，精心熬制出了一种风味独特、香辣可口的辣椒酱。

起初，张南没有足够的资金开设实体店或进行大规模的广告宣传。于是，他选择在当地的集市上摆一个小摊位，免费让过往的行人品尝他的辣椒酱。那些尝过的人，无不对其浓郁的味道赞不绝口。张南热情地与每一位顾客交流，倾听他们的意见和建议，并不断改进产品。

为了扩大影响力，张南主动与附近的小餐馆合作。他免费提供一小批辣椒酱给餐馆试用，如果顾客反馈好，再商讨后续的合作。由于辣椒酱的味道独特，许多餐馆愿意将其作为特色调味品推荐给顾客。

随着时间的推移，越来越多的人品尝到了张南的辣椒酱并为其美味所折服。顾客纷纷向身边的朋友、家人推荐，口口相传之下，张南的辣椒酱逐渐有了名气。

张南还创建了一个简单的微信公众号，在上面分享辣椒酱的制作过程、食用方法以及与顾客之间的温馨故事。通过公众号，他与顾客保持着密切的联系，及时回复顾客的留言和咨询，进一步增强了顾客的信任感和忠诚度。

在积累了一定的资金和口碑后，张南开始接受线上订单，并通过快递将辣椒酱寄往全国各地。他注重包装的细节，确保每一瓶辣椒酱都能完好无损地送达顾客手中。

由于张南始终坚持高品质和良好的服务，他的辣椒酱生意越做越好。他没有花费巨额的营销费用，却凭借着出色的产品和顾客的口碑树立了良好的声誉，实现了自己的创业梦想。

如今，张南的辣椒酱品牌已经成为当地的知名品牌，他正在计划扩大生产规模，将这份美味带给更多的人。张南的成功表明，在小成本、低风险的创业中，口碑营销的力量是无穷的，只要用心经营，就能创造出属于自己的辉煌。

知识点二：传播力六大原则

乔纳·伯杰教授提出的传播力六大原则揭示了信息如何快速有效地在人群中传播。

1.社交货币。指的是谈论的话题能彰显你的独特见解和品位，让你成为焦点。如果你想让别人也加入讨论，那就让他们觉得所分享的内容能提升自己的形象，这样他们就更乐意参与了。

2.诱因。它像是个记忆的触发器，一提到某个词或物，就能让人联想到相关的产品。比如，提到某个电影角色，你就想到了那部电影的周边商品，这种联想让产品信息更易于传播。

3.情绪。它也是传播的好帮手，让人兴奋、感动或愤怒的信息，人们更愿意分享。情绪共鸣越强，信息传播得就越远。

4.公开性。它表明，信息越容易被看见，就越能引发关注。就像大街上的广告牌，越显眼就越容易被人记住。

5.实用价值。它是信息的核心竞争力，只有对人们有用的信息，才会被人们记住并传播，因为没有人会对无关痛痒的话题感兴趣。

6.故事。它是信息的隐形翅膀。把信息编织进一个吸引人的故事里，人们就会自然而然地传播这个故事，同时也传递了故事中的信息。口碑营销公司就是利用了这一点，让人们自愿分享喜欢的产品和服务，从而达到营销的目的。

思维导图

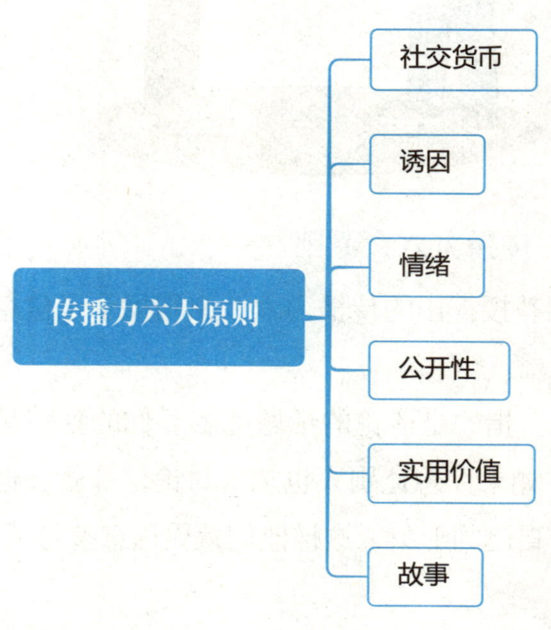

线下推广活动：面对面的有效沟通

在创业过程中，线下推广是十分重要的一环，这种面对面的沟通能够直击人心。比如可以利用市集摆摊、社区活动等低成本吸引人流。做一些创意海报、口碑推荐，让每一次交流都充满价值。记得收集反馈，持续优化策略。只要合理利用，线下推广也能助你在创业路上加速前行！

面对面的沟通能够直击人心。

创业锦囊

知识点一：线下推广

线下推广花样繁多，比如穿上印有品牌名的广告衫漫步街头，或是公交、地铁里醒目的海报映入眼帘，还有实体店铺的热闹宣传以及手中发出的一张张传单，这些都是线下推广的妙招。它们有个共同点，就是通过户外活动和消费者亲密接触，让品牌信息长时间留在人们心中。

虽然线下推广需要一定的人力和物力投入，但是和其他推广方式相比，其具有以下优点：

第一，直接互动和亲身体验。比如，在汽车展览会上，你不仅能亲眼看到新车，还能坐进去感受一番，这种“摸得着、看得见”的体验，远比网上看图片和视频显得更加真实和打动人心。这样的互动，自然而然拉近了品牌与消费者之间的距离，建立了信任。

第二，线下推广还能精准定位目标受众。商家可以根据产品的特性和目标客户群，选择合适的地点和方式进行推广，避免了资源的浪费。比如，老年保健品公司选择在老年人聚集的地方举办健康讲座，这样既高效又贴心。

第三，促进社交传播。人们在参与活动或体验产品时，往往会与亲朋好友分享自己的感受和体验。这种口碑传播的力量是巨大的，它能迅速扩大品牌的影响力。

第四，能给消费者留下深刻的品牌印象。那些独特的户外广告、创意十足的活动现场，都能成为街头巷尾的话题，让人过目难忘。比如，可口可乐的经典广告牌，每次路过都能勾起你的回忆。

第五，有助于建立长期的客户关系。通过定期举办会员活动、客户答谢会等，商家可以加深对客户的了解，增强客户的忠诚度和归属感。这种长期的关系维护，是品牌持续发展的重要基石。

第六，能即时获取消费者的反馈。商家的销售人员或活动组织者可以直接地观察到消费者的反应，了解他们的需求和喜好，从而及时调整策略。这种“即见即改”的能力，让营销变得更加灵活和高效。

创业故事

钱程一直怀揣着创业的梦想，但由于资金有限，他不敢贸然行动，一直谨慎地寻找着合适的机会。一次偶然的经历，让他发现了线下推广活动这个看似传统却蕴含巨大潜力的领域。

钱程注意到，当地有许多小型商家，虽然他们的产品或服务质量不错，但缺乏有效的推广渠道，导致生意不温不火。于是，他决定成立一家专门为这些商家提供线下推广活动服务的公司。

创业初期，钱程面临着诸多困难。其中，资金紧张是最大的问题，他只能租下一间小小的办公室，简单地布置了一下。为了节省成本，他自己承担了大部分的工作，从策划活动方案到现场执行，都是他亲力亲为。

钱程的第一个客户是一家新开的咖啡店。咖啡店的老板对钱程的方案半信半疑，但由于价格实惠，他决定试一试。钱程精心策划了一场“咖啡品鉴会”，通过在周边社区发放传单、邀请居民免费品尝咖啡等方式，吸引了不少人的关注。

活动当天，钱程早早地来到现场，布置场地、准备咖啡。他热情地与每一位前来参加活动的居民交流，倾听他们的需求和意见。通过面对面的有效沟通，居民们不仅品尝到了美味的咖啡，还了解到了咖啡店的特色和文化。这次活动取得了意想不到的效果，咖啡店的知名度大大提高，生意也逐渐红火起来。

有了这次成功的经验，钱程的信心更足了。他不断改进自己的服务，根据不同客户的需求，制定个性化的线下推广活动方案。

比如，他为一家健身房策划了“健身挑战营”活动，邀请人们现场体验健身课程，并与专业教练进行面对面的交流；他还为一家花店举办了“花艺课堂”，让人们在学习插花技巧的同时，了解花店的各类鲜花产品。

随着业务的不断拓展，钱程逐渐组建了自己的团队。虽然成本有所增加，但团队的力量让他能够承接更多、更大的项目。然而，钱程始终没有忘记创业的初心，依然注重控制成本，降低风险。

在一次为一家餐厅策划的周年庆活动中，由于天气原因，活动现场的人流量不如预期。面对这种情况，钱程并没有慌乱，而是迅速调整策略，组织团队成员主动出击，到周边的商业区和居民区进行宣传和邀请。通过与路人面对面的沟通，介绍活动的优惠和特色，成功吸引了大批顾客前来参加活动。

经过几年的努力，钱程的公司在当地已经小有名气。他利用小成本、低风险的创业方式，通过线下推广活动中的面对面有效沟通，为众多商家带来了商机，同时也实现了自己的创业梦想。

知识点二：线下推广的方法

对创业者而言，线下推广是低成本、高效能的营销利器。门店、二维码、沙龙活动，都是不可多得的推广手段。

1. 门店不仅是售卖场所，更是免费广告位。利用二维码、微信等工具，面对面交流，消除顾客疑虑，直接展示产品优势，轻松引流并提升信任度。通过发放小礼物、办理会员卡等方式收集顾客联系方式，再将顾客引导至电商平台，让顾客随时在线选购。

2. 二维码推广简便快捷。无论是传单还是优惠活动，只要扫一扫，顾客就能直达微信小程序，无须烦琐搜索。这种即扫即用的方式已成为用户的新习惯，为创业者带来大量的线下流量。

3. 各类活动是展示品牌的绝佳机会。参与展会、培训课程等活动，利用群体性、数据集中和强交互性的特点，扩大品牌知名度。线下培训虽需付费，但面对面教学、严格监督、人脉拓展等优势，会让投资回报率倍增。

4. 沙龙活动兼顾社交与宣传。选择兴趣相投、专业对口的沙龙，不仅能结交同行，还能精准推广。展示个人二维码，提供免费食物并巧妙植入品牌信息，这些都是吸引潜在客户的好方法。

思维导图

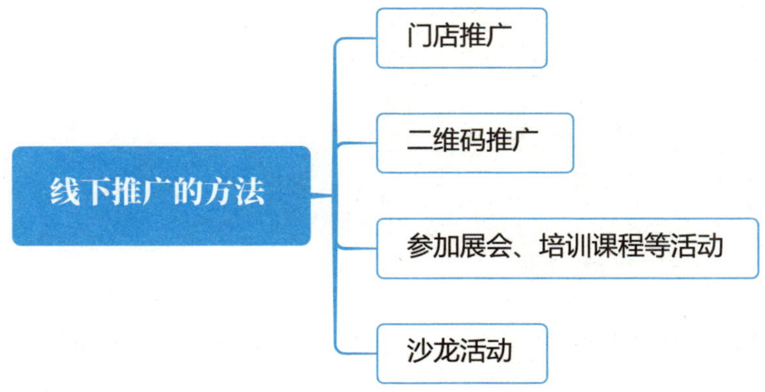

第五章

精细运营与风险把控

在创业过程中，风险一以贯之、无处不在。大凡有所成就的创业者都是通过精细化运营，对创业风险进行把控的高手。事实上，创业的风险虽然不可测，但可控、可预、可防。只要创业者能够树立风险意识和成本意识，在创业过程中有计划地去识别风险、评估风险，制定切实可行的策略对各种风险进行管理，就能成功躲避风险，让自己的事业步步登高，越做越好。

成本控制的智慧：把钱花在刀刃上

创业初期，要保证企业的平稳运行，避免资金和供应方面出现危机，最关键的一环就是进行成本控制。成本控制，顾名思义，就是尽可能地将企业的各项成本控制在预算范围内，不铺张，不浪费，不做无用功，把钱花在刀刃上，缩小收支之间的逆差。

控本是企业平稳运行的关键。

创业锦囊

知识点一：成本控制的常用方法

成本控制是创业者在创业过程中必须直面的一个重大课题，它贯穿于企业的整个运营过程。创业者在进行任何与企业有关的重要决策前，最先考虑的都应该是成本。控本和增效是绝大多数企业盈利的最主要途径，不懂成本控制的创业者，不是合格的创业者。

不同体量的企业，成本控制的方式会有所差异。常见的成本控制方法有以下四种：

1. 预算管理

最有效的成本控制方法就是做预算。在企业运营之前，根据企业的运营目标，提前做好总成本预算和生产、人力、管理、宣发等不同部门、不同活动的相应成本预算，先为“支出”划定一个基础的范围，尽可能不超支。如果超支，必须给出充足的理由。另外，做预算时还要留出一部分备用金，以免遭遇意外状况。预算的额度可以在合理的情况下灵活调整，但调整幅度不宜过大。

2. 降低无用消耗，避免浪费

众所周知，企业生产运营中有相当一部分成本投入都是无用的，或者说可有可无的。比如过于奢华的装修、阔气的排场、过度的宣传等。创业者要进行成本控制，最先要控制和缩减的就是这部分支出。

3. 优化企业构架，提升执行效率

不少企业在创业初期都存在管理效率低下、执行效率不高的问题。因为缺乏管理经验、企业员工相对较少，管理时难免比较松懈，甚至连一套行之有效的奖惩制度和绩效考核制度都没有。明明一个人就能完成的工作，结果两个人一起做都做不好。如此一来，无形之中就会提高企业的用工成本。因此，优化企业构架、提高管理水平和执行效率、降低用工成本，就成了控制成本的核心环节。

4. 降低外延成本

外延成本，简单来说，就是企业在公关、宣传、销售等对外活动中消耗的成本。比如请客户吃饭、出差、制作产品样品、利用多媒体矩阵进行宣传等。适当降低这方面的成本，是控本最有效的手段之一。

创业故事

今年34岁的陈锋是一家IT公司的程序员，因为他厌倦了“996”的工作节奏和尔虞我诈的职场环境，于是决定辞职创业。

在全民创业大潮的影响下，准备创业的人很多，但绝大多数是心血来潮，陈锋却不是。在决定辞职之前，他就已经进行过先期的市场调研，确定了自己接下来的创业目标和方向——做便捷餐饮。

俗话说，民以食为天，无论在哪个年代，餐饮都是刚需。便捷餐饮市场的竞争虽然激烈，但需求更大，而且创业初期成本低、风险小，很适合像陈锋这样的萌新创业者。

确定好目标后，陈锋也没急着开业，而是先调查了一番，做了一个基本的预算表。进货大概多少钱，宣传费用控制在什么价位之间，快递配送方面大概要投入多少，陈锋都一一列了出来并给出了一个大致的数值。

陈锋很清楚，创业初期的每一分钱都很重要，所有钱都该花在刀刃上，避免浪费。只有控制好成本，才能间接把控利润区间，维持企业的长久运营。

所以，在创业之初，陈锋并没有像其他爱面子的“准老板”一样，盲目租赁高大上的办公场所、购置昂贵但不实用的全新设备、急火火地招聘员工，投入大成本进行广而无效的宣传，反而步步为营、精打细算。

陈锋先是在当地的远郊租赁了一间整体状况还不错的仓库，投入少量资金把仓库改装成厨房。之后，在二手厨具市场，他以极优的性价比购置了全套厨具。接着，陈锋又不辞辛劳地跑了多家菜市场，找了许多菜农菜贩，一番比较和讨价还价后，才和其中几家签订了长期供货合同。最后，陈锋又通过互联网免费平台、贴吧、本地论坛等渠道，有针对性地做了产品宣传。至于厨师、配送员、客服、收银等，暂时全都由陈锋本人兼任。如此，万事俱备，只欠订单了。

陈锋的厨艺不错，他店里的菜虽然品类不算太多，但用料好、分量也足，慢慢地，就积累起了一定的人气和口碑。

后来，订单多了，利润有了，陈锋也没盲目扩大规模，依旧精打细算、严把预算关，把人力成本、投资成本、推广宣传成本等都控制在合理的范围内，该花的钱他从不吝啬，不该花的钱他一分都不花。在他的努力下，生意越做越红火，不到五年，就已身家千万。

知识点二：成本控制的四大误区

1. 盲目削减成本

成本控制的本质是“尽量减少和控制不必要的花费”，而不是吝啬。部分创业者在创业时为了控制成本、减少投入，盲目地削减成本，该花的钱也不花，甚至为了省钱，偷工减料、以次充好、自败口碑，这是一种错误的行为。

2. 固定预算

进行预算管理是成本控制最有效的方法，但预算只是预算，并不代表实际的开支。市场是不断波动和变化的，在实际运营中，创业者也应该随机应变，根据市场行情的变化，灵活调整预算，将预算控制在一个可接受的范围内，而不是把预算的金额固定。

3. 压榨员工

为了减少人力成本，50%以上的创业者会下意识地让员工加班、多干活，恨不得把一个人当成十个人用。这样虽然节省了一些成本，但很容易让员工满腹怨气，员工工作也不会尽心尽力，还会败坏创业者的人品和名声。

4. 成本均摊

在创业初期，稍有资本的创业者因为不谙管理之道，大多会按部就班，采用责任到部门的管理方式，给每个部门都规定一个成本底线和利润底线，甚至“一刀切”，搞成本均摊，忽略了各部门职能的不同。如此一来，很容易造成内部矛盾，因小失大。

思维导图

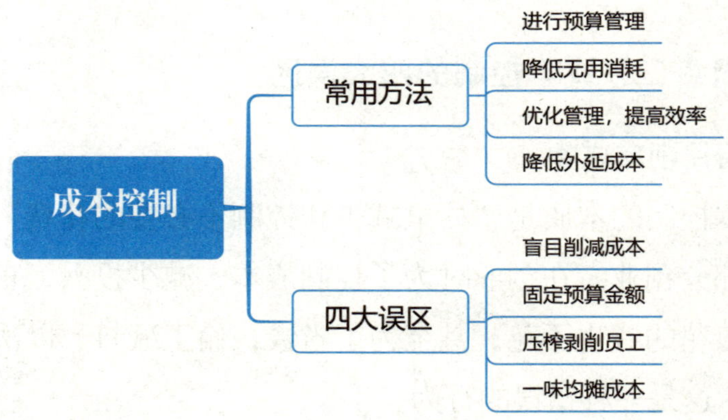

风险识别方法：未雨绸缪防隐患

做任何事都是有风险的，创业也一样。凡事都有万一，即便是再成熟、再稳健的创业项目，在实际操作中也有翻车的风险。因此，创业者在创业时一定要树立风险意识，准确识别风险，在风险到来前未雨绸缪，提前预防，才能最大限度地保证创业的成功。

创业有风险，未雨绸缪早提防！

创业锦囊

知识点一：创业常见的风险类型与风险特性

从某种程度上说，创业的成败其实就是风险与利润之间的一场博弈。风险过大、利益不稳，无法维持项目的长期运营，做不到正收益，创业就相当于失败。反之，就是成功。因此，在创业过程中，学会识别风险、控制风险非常重要。

一般来说，创业过程中常见的风险类型有以下五种：

1. 资金风险

资金不足、资金链断裂等情况的出现，会直接导致创业项目停滞，生产、运营、管理、宣发等环节也难以维系，使整个项目陷入崩盘。

2. 政策风险

国家相关政策的调整会影响对应项目的前景与市场，甚至直接导致项目被腰斩。

3. 决策风险

创业者在创业项目运营过程中不顾实际、一意孤行，武断地做出错误决策，很可能会给项目造成重大且恶劣的影响，将大好局面毁于一旦。

4. 市场风险

市场变幻莫测，除非是刚需，一些潮流性、个性化的小需求很容易受到市场波动、舆论等各种因素的影响。

5. 竞争风险

商场如战场，竞争无处不在。强大的竞争对手、不正当的竞争手段、激烈的产品角逐都可能影响创业项目的成败。

另外，风险虽然无处不在，不可捉摸，但也存在以下几种风险特性：

1. 客观性

创业过程中的各种风险是客观存在的，就像时间不会因为个人意志或环境变迁而改变。

2. 不确定性

事物是不断发展变化的，谁都没有前后眼，无法预知风险。很多不经意的环节、布置都有可能成为创业的风险所在。

3. 可变性

风险并不是一成不变的。内部、外部各种因素的变化都可能导致风险的变化。比如投资人突然无缘无故撤资，会直接影响项目的运行，甚至导致企业破产。

4. 损益双重性

风险不一定代表着危机。有风险，可能会带来一定的损失，但有时候，一些高风险的投资项目也可能带来不菲的收益。可以说，风险与收益在一定程度上成正比。

创业故事

资深媒体人贾静为了实现提前退休、环游世界的梦想，深思熟虑半个月后，决定辞去现在的工作，自主创业。

创业这件事情听上去很简单，具体操作起来却不容易。注册公司、租赁办公场地、准备各种材料、考察市场、寻找合作方……林林总总，杂事不断。其间，她还可能会遇到各种风险、阻挠和困扰。

贾静以前做的是媒体工作，接触过不少企业和创业者，对创业的种种风险有一定了解，在创业过程中，也尽可能地做了预防和规避。

贾静创业选择的项目是新媒体助农、直播代销本地农产品。在项目正式启动之前，贾静亲自来到农村，深入田间地头，忙忙碌碌调研了两个月，和乡下的果农、菜农们进行了全面、深入的交流，大致了解了不同果蔬的产量、采摘季、损耗率、主要需求途径、市场供应情况等。

之后，贾静才拿出自己30%的积蓄，有选择地订购了一批果蔬。这样的话，即便所有钱全赔了进去，也不会让她伤筋动骨。

储备了一定的货源后，贾静又利用自己以前的人脉，联系了多个新媒体平台，包括但不限于公众号和短视频主播，准备投入一定的宣发资金，开始直播带货。

在选择合作方时，贾静选择的都是业内信誉良好且有一定规模的企业。带货的主播也是形象正面、人品过硬、坚守诚信，对工作认真、失误率较低、有一定粉丝度的。为此，她多投入了不少资金。

有朋友对此很不解，问她为什么不选择规模小、信誉不高但报价超低的合作方，为自己省点儿钱。贾静解释说，很多报价低的主播人气不够、个人能力也不足，规模小、信誉不高的企业违约和临场出状况的概率太大。和他们合作，虽然能节省一定成本，但风险太大，一不小心就会影响整个创业项目，所以得不偿失。

与其如此，倒不如未雨绸缪，宁可多花些钱，也要避免被坑。

当然，为了防“坑”，贾静还做了双重保险，不仅在挑选合作方时下了大功夫，在拟定合同时也煞费苦心，专门咨询了律师，把合作双方的权责、利益分配、违约赔偿方式等都清晰地写进了合同，竭尽所能，规避了法律上的风险。

因为未雨绸缪，提前做了很多准备，贾静的项目正式开展后进行得非常顺利，只用了两年，就在本地打响了名号。

知识点二：识别风险的有效方法

1. 溯本追源

要识别风险，首先要知道创业过程中常见的风险有哪些。只有清楚这些风险都源于哪里，找到风险的源头，才能溯本追源，准确地抓住风险的尾巴，在风险到来之前把它扼杀在摇篮里。比如，产品质量方面的风险，就可以通过追踪原材料的供应商、严格把控生产的头部环节进行有效规避。

2. 收集信息，理性分析

任何风险的出现都不是毫无预兆的。在风险出现之前，必然会留下一些蛛丝马迹，出现一些异常。如果创业者在创业的过程中能够有意识地去收集信息，每隔一段时间就对创业情况进行一次集中的信息整理和综合分析，就能通过信息的波动发现可能出现的风险，防微杜渐，提前规划预防措施。

3. 着眼核心环节

创业本身就是一种冒险。企业运营不可能没有一点儿风险。因此，在实际项目运作中，创业者还是应该把主要精力都投入核心环节的风险预防上。只要核心环节不出错，即便一些细枝末节出了纰漏也无伤大雅。

4. 风险分级

事有轻重缓急，风险也一样。创业者在创业时可以提前列一张风险清单，按照风险级别一一排序，再按照轻重等级，由重到轻依次预防、识别、把控。

思维导图

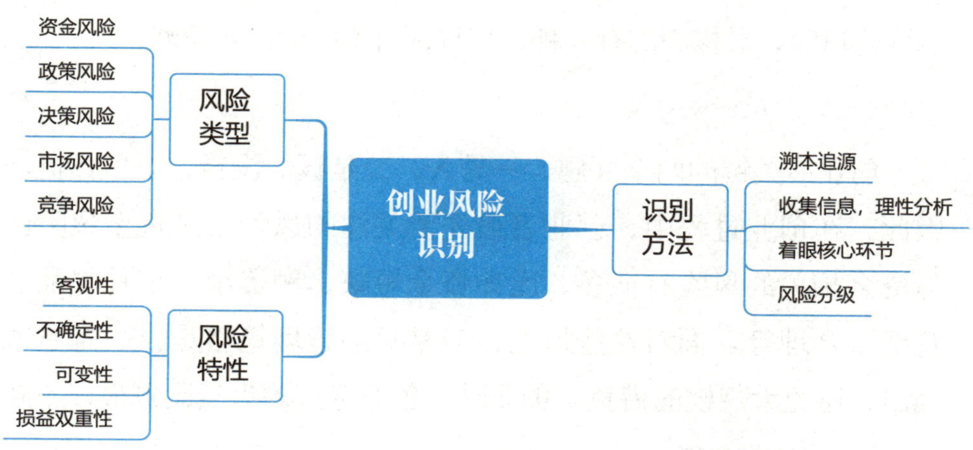

风险管理策略：兵来将挡有办法

风险识别、风险评估、风险控制和风险策略的制定，都是风险管理的重要环节。其中，依据风险的不同等级，制定相应的策略，随机应变、巧妙应对、化腐朽为神奇，是最关键、最核心的一步。毫不夸张地说，管理策略的优劣直接关系着风险管理的成败。

管理风险有策略，降本增效不是梦！

创业锦囊

知识点一：风险管理的核心类型与常见策略

如果说风险的识别、评估是纯粹的理论环节，那么风险的控制和风险管理策略的制定就是从理论到实践，具体落地实操的环节。前者是在认识问题，后者则是在解决问题。一般来说，创业过程中遇到的风险，最核心的有三种，每种都有不同的应对策略：

1. 资金风险管理

创业最关键的两个问题，一是人，二是钱。没钱，万事休提。因此，在创业过程中，创业者最先要关注的风险就是资金风险。与资金相关的风险有很多，比如资金短缺、融资难、审计混乱、花费不合理等。面对这些风险，最常见的管理策略是：一是量入为出，避免大规模的借贷。创业时，创业资金的借贷比例最好不超过30%。二是进行严格的预算管理，控制成本支出。三是忌好高骛远，不要轻易相信造富神话，从而进行盲目投资。

2. 项目风险管理

创业项目的选择是影响创业成败的最核心因素。一个好的创业项目，等于成功的一半。因此，创业者在选择项目时也要注意风险管理，灵活运用各种策略，规避风险，譬如：创业初期要集中精力，专注于一个项目，不要贪多求全；不要盲目跟风，进入热门市场，要着眼于自身优势和市场需求，有些时候，稍稍冷灶、出其不意，更容易获得成功；尽量规避成本高、风险高、收益不确定的项目。

3. 市场风险管理

市场是企业盈利的根本。市场的规模、竞争状态、收益权重等，直接影响着创业的收益。所以，加强市场风险管理，一向是创业的重中之重。面对层出不穷的各种市场风险，最常见的应对策略有：加强人才梯队建设，尽量吸引高素质的人才；做好市场调研，时刻掌握市场的波动变化；以市场需求和趋势为导向进行产品与服务的布局；努力提高自身的核心竞争力。

创业故事

张橙从小就热爱烘焙，梦想着长大后能开一家属于自己的烘焙工坊。32岁这年，已经小有积蓄的张橙为了实现梦想，毅然辞职，准备创业。

闺密洛洛听说后，秉持着“要么不做，要做就做到最好”的观念，劝张橙抵押市区的房子，贷款两百万元，开一家大型的网红甜品店。听了洛洛的话，张橙虽然心动了，但她是一个风险意识很强的人，当她考虑到市场的不确定性和借贷的高风险后，还是选择了拒绝。

经过三个月左右的筹备，张橙在三环内一条毗邻高端写字楼的商业街斥资50万元，开了一家“轻饮食工坊”。工坊的面积不大，只有二十多平方米，主打产品就是各种低碳、低热的轻饮食，如全麦面包、脱脂甜甜圈、低脂蛋糕等。在营业前期，张橙每天都只会做少量的成品供顾客挑选、品尝，储备的材料并不多，压力也相对较小。

张橙不贪多，也不求全，把主要顾客群体定位在收入尚可、有减肥欲望又渴望健康饮食、不想委屈自己的中产年轻人身上。因此，在做宣传推广的时候，也没有不惜本钱“狂轰乱炸”，反而集中成本，对目标客户进行了精准的定向宣传。

在营业了一段时间，张橙的店收获了一定赞美与口碑后，她也没有盲目乐观，而是通过借贷扩大规模，更没有偷工减料，反而严把质量关，卖出的每一份产品都选料上乘、纯手工制作、保质保量。

不仅如此，为了提高自己的厨艺和管理水平，张橙还专门去上了进修课。每周，她都会在工坊中不定期地做一些问卷调查，虚心咨询客户的意见，结合潮流元素和最新工艺，对工坊中的各种产品进行改进。

另外，张橙还会时刻关注餐饮市场的变化和相关政策的调整，一旦发现异常，就会提前采取一系列措施来规避和消弭风险。

创业三年多，谨慎的态度、良好的风险管理能力和极强的创新意识，让张橙受益良多。张橙凭着自己的智慧，不仅把创业的风险降至最低，还获得了丰厚的利润与不错的口碑，生意越做越大，梦想与事业双丰收，成了名副其实的人生赢家。

知识点二：常见的风险管理策略

1. 量入为出

创业时，创业者要根据自身的实际能力和资金储备，量入为出，合理规划。不要妄想一口吃个胖子，尽量少借贷。

2. 以变应变

市场瞬息万变，产品和服务的迭代非常快。创业者在创业时也要与时俱进，根据市场的变化灵活做出调整，不要墨守成规。

3. 出奇出新

人人都有好奇心，比起千篇一律的模式、产品和服务，新奇的产品、独特的玩法、与众不同的服务更能吸引大众的目光，刺激人们的消费欲望。比如，几年前爆火的剧本杀体验项目，就是典型的以奇制胜。

4. 联合互惠

小成本的创业项目，优势和劣势都很明显。为了扩大优势，控制风险，最好的办法就是与相关的产业进行联动，集中优势，形成集群效应。

5. 薄利多销

如果产品或项目的竞争优势不大，就无法形成核心竞争力。那么，在价格上采取薄利多销的方式增加销量，提升利润，也不失为风险管理的好策略。

6. 转嫁风险

创业者可以通过购买商业保险、寻求外包、加盟合作等方式，将创业过程中存在的部分风险合理且巧妙地转嫁出去。

思维导图

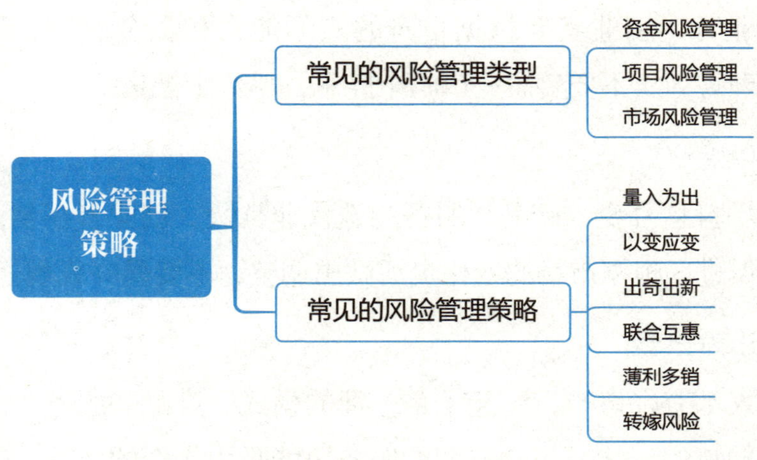

第六章

团队建设与人才管理

在小成本、低风险的创业中，团队建设与人才管理显得尤为重要。需要精心挑选志同道合的合作伙伴，确保团队成员目标一致，齐心协力，这样既能控制成本，又能有效减少内部冲突。在人才选用方面，应该弄清楚每个人的优势与专长，实现人岗匹配，从而提升工作效率。此外，平日里应注重对团队成员的关怀，增强成员的归属感，以确保团队的稳定性。毕竟“人心齐，泰山移”，团队的凝聚力是创业成功的关键。

构建创业团队：找准创业成员

创业团队是指在创业初期，即企业成立前及成立初期，由几位具有不同才能、愿意共同承担责任，并致力于实现共同创业愿景的创业者组建而成的集体。该团队可以发挥多方面的核心作用：制订详尽的商业规划、吸引并聚集关键的人力资源、筹集所需的创业资金、着手创立企业实体，以及构建支撑业务运营的商业平台等。

创业团队发挥着多方面的核心作用。

创业锦囊

知识点一：组建创业团队的好处和成员构成

在创业过程中，一个出色的创业团队无疑是新创企业走向成功的关键。一个团结协作、才华横溢的团队，能够为企业注入无限活力，使其在激烈的市场竞争中独树一帜、稳步前行。

那么，关于创业团队，有哪些需要我们了解的呢？

一、组建创业团队的好处

1.精准捕捉商机。创业团队凭借卓越的资源整合能力，能够迅速构建起广泛的社会关系网，从多个融资渠道获取资金等资源，从而敏锐地洞察市场风向，精准地捕捉并有效利用商机。

2.提升决策质量。团队成员来自不同文化背景，拥有丰富多样的信息、经验和能力。这种多样性使得团队在面对复杂问题时，能够从多个角度进行深入分析，制订出更加科学、全面的决策方案。

3.激发创意与思想碰撞。在创业团队内部，盛行合作、平等、民主的氛围。这种氛围鼓励团队成员要勇于表达不同观点，从不同视角审视问题，从而提出多元化的解决方案。创意的火花在团队成员间的思想碰撞中不断闪现，为企业带来创新的动力。

4.共担风险与压力。共同创业意味着团队成员要共同承担创业失败的风险。通过技能互补，团队能够更好地应对环境的不确定性，从而降低经营风险。同时，团队成员间的相互支持和鼓励，也能有效减轻创业者面临的孤独感和压力，为创业之路增添更多的温暖和力量。

二、创业团队的成员构成

创业团队的成员构成具有多样性，根据加入时间、承担风险和责任程度的不同，他们形成了各具特色的角色定位：

1.创业项目发起人。他们是商机的发现者和梦想的点燃者，以非凡的洞察力和坚定的信念，引领团队踏上创业之路，成为团队的核心和灵魂。

2.创业合伙人。他们受发起人感召，以资金、实物、技术等形式加入团队，与创业项目发起人共同承担风险，完善商业模式，为企业的稳健发展奠定坚实的基础。

3.核心团队。由技术、营销、财务等技能互补的精英组成，他们负责将商业模式细化为具体的行动方案，推动项目落地实施，是企业创新发展的核心驱动力。

4.普通员工。随着项目的不断拓展，他们逐渐加入团队，成为执行核心团队决策的重要力量。虽然与创业者的密切程度相对较低，但他们的辛勤付出和不懈努力，同样是企业成功不可或缺的一部分。

创业故事

雷鸣是个普通的上班族，每天朝九晚五，领着不算丰厚的薪水。虽然生活还算安稳，但他总觉得心里空落落的，仿佛自己的人生被设定好了轨道，一眼就能看到头。每当夜深人静时，雷鸣总会思考，难道自己的一生就这样平淡无奇地过下去吗？不，他不甘心！

于是，雷鸣决定做出改变，他要创业。他拿出了自己多年的积蓄，决定开一家螺蛳粉店。雷鸣认为，螺蛳粉是许多人喜爱的美食，市场潜力大，他也有信心把它做好。然而，现实却给了他一记响亮的耳光。店铺开张后，生意并没有如他预期的那样红火，反而一天不如一天。看着冷清的店铺，雷鸣愁得夜不能寐，整个人都瘦了一圈。

这天，雷鸣的好哥们儿王海路过他的店铺，见里面没什么人，便走了进来。两人聊了几句，雷鸣终于忍不住向王海大吐苦水。他说自己已经赔了好多钱，再这样下去，连老本都要搭进去了。王海看着愁眉苦脸的雷鸣，心里很不是滋味。他想了想，对雷鸣说："兄弟，我觉得你应该改做特色菜，毕竟螺蛳粉的受众少，而且客单价低。如果你能做点儿有特色的菜品，或许能吸引更多的顾客。"

雷鸣听了王海的话，觉得颇有道理。但是，他一个人的力量毕竟有限，想要改变现状，必须找些合伙人一起创业。王海看出了雷鸣的犹豫，便主动提出帮他介绍合伙人。几天后，王海带来了几个志同道合的朋友，他们都有着丰富的创业经验和独特的见解。大家一拍即合，决定一起把雷鸣的店铺打造成一家有特色的餐馆。

有了合伙人的加入，雷鸣仿佛看到了新的希望。他们一起商量装修、菜品、营销方案等，每个人都尽心尽力，为餐馆的开业建言献策。同时，他们还雇了一个专业的厨师团队，确保菜品的口味和质量都能达到顾客的期望。

终于，在大家的共同努力下，餐馆顺利开业了。由于他们的菜品有特色，口味又好，再加上有效的营销策略，餐馆的生意很快就火了起来。看着络绎不绝的顾客和忙碌的店员，雷鸣露出了久违的笑容。他知道，自己终于走出了创业的第一步，虽然过程充满了艰辛和挑战，但结果是值得的。

知识点二：选择合伙人的标准和方法

一个好的合伙人，需要有以下几个特点：

1.要志趣相投

只有目标一致，合伙人才能一起努力，共同面对困难。如果目标不一样，做决定时就容易产生分歧，继而影响公司的发展。

2.要德才兼备

品德好、能团结合作、互相尊重，能给企业带来积极向上的氛围。同时，合伙人还需要有专业知识和技能，以保证决策的科学和有效。

3.要优势互补

合伙人之间要有不同的专业背景和长处，这样才能在自己擅长的领域发挥最大作用，优化资源。同时，这种互补还能带来更全面的看法，提升公司的竞争力。

找合伙人时，可以从亲朋好友、客户、同行这些渠道开始，也可以公开招募或者找猎头帮忙。要明确合伙的方式，比如谁负责哪项工作、投入多少、怎样分钱以及怎样退出等。要选择最适合的合伙模式，比如大家平等、有人专门管理或者找外人管理。

合伙关系确定之后，还要进行长期沟通和磨合。要明确分工，避免权力重叠；重视坦诚沟通，及时解决矛盾；利润应公平分配，避免按人头分；签订书面契约，明确各方职责，以预防未来可能出现的各种纠纷。

思维导图

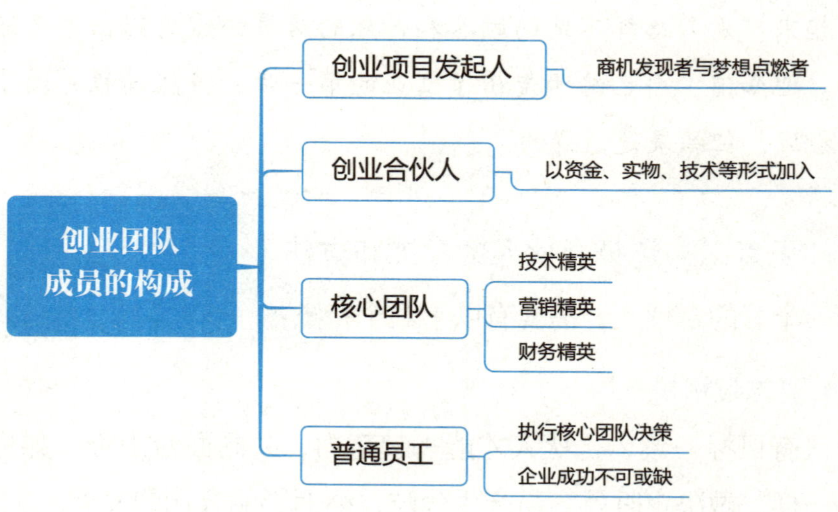

招聘实用技巧：吸引优秀伙伴

对于初创公司而言，招聘至关重要，因为单凭创始人一人难以构建出色的企业。因此，创始人必须愿意投入大量时间和精力来寻找杰出的团队成员。精心挑选、合理安排、培养并留住人才，对于公司和创始人来说都至关重要。这就要求初创公司在招聘时必须有明确的定位，并将人力资源管理置于组织管理的核心位置。

精心挑选、合理安排、培养并留住人才，对于公司和创始人来说都至关重要。

创业锦囊

知识点一：创业公司要招什么样的人？

与成熟的企业相比，创业公司往往在资源、品牌影响力上处于劣势。因此，如何精准地招募到既能与公司共同成长，又能在关键时刻独当一面的人才，成为创业公司必须面对的挑战。

1.解决问题能力强的人

创业公司面临的环境复杂多变，问题层出不穷。因此，招募解决问题能力强的人才显得尤为重要。这类人不仅能够迅速识别问题，更能提出切实可行的解决方案。在面试过程中，创业者可以通过提问“你认为该职位最重要的素养是什么？如果你处于领导位置，你希望这个职位的候选人怎么做？”等问题，来考察应聘者解决问题的能力。记住，完美无缺的人并不存在，重要的是能够迅速且有效地应对挑战。

2.愿意投入时间与精力的人

在任何领域，成功往往与投入的时间和精力成正比。创业公司需要那些对工作充满热情，愿意将工作视为使命并全身心投入的员工。这类员工不仅能在工作中找到乐趣，更能将工作做到极致，从而推动公司的发展。

3.充满热情的人

热情是团队活力的源泉。一个充满热情的员工能够带动整个团队的氛围，提升团队的凝聚力和工作效率。稻盛和夫曾将员工分为自燃型、助燃型和阻燃型三类，创业公司应努力吸引自燃型和助燃型员工，他们不仅具有自我驱动力，还能在团队中传播正能量。对于阻燃型员工，应尽快识别并妥善处理，以免其负面情绪影响整个团队的氛围。

4.愿意学习的人

学习是成长的阶梯。创业公司应招募那些愿意不断学习、提升自己的员工。这类员工通常具有更强的适应能力和创新能力，能够在快速变化的市场环境中迅速调整自己，为公司带来新的发展机遇。

在招聘过程中，创业公司要秉持以下核心理念：应将任务分配给那些能够自主解决问题的

人，而非仅仅擅长指出问题的人；培养员工成为解决问题的能手，而非仅仅满足于他们提出问题；对于那些频繁提出问题却缺乏解决能力的人，创业公司应及时作出调整。同时，创业公司需清晰地向求职者传达一个信息：我们更重视为员工提供成长与发展的空间，而非仅提供优厚的物质待遇。唯有如此，创业公司才能吸引那些真正渴望与公司并肩前行、共同成长的人才。

创业故事

在一条热闹的街道上，美娜开了一家温馨又时尚的服装店。随着生意逐渐红火，美娜发现自己一个人忙不过来，急需一名得力的导购员来帮忙。于是，她在店门口张贴了一张招聘启事，等待有人前来应聘。

这天，店里来了一位名叫小丽的姑娘。小丽长得非常漂亮，身材苗条，穿着时尚，一走进店里就吸引了不少顾客的目光。美娜看到小丽的第一眼，心里就暗自高兴，觉得这正是自己梦寐以求的导购人选。然而，接下来的试用却让美娜大跌眼镜。

小丽虽然外表出众，但对待顾客的态度十分冷淡。当有顾客询问衣服尺码或款式时，她总是爱答不理，有时甚至因为顾客多问了几句就发脾气。更糟糕的是，有一次，小丽竟然和一位顾客吵了起来，引得周围人纷纷侧目。美娜看到这一幕，心里十分失望，她明白这样的导购不仅不能给店铺带来好的口碑，反而会损害店铺的形象。于是，美娜不得不忍痛辞退了小丽。

几天后，店里又来了一位名叫小芳的姑娘。小芳长得胖胖的，穿着朴素，看起来并不起眼。美娜看到小芳的第一眼，心里就有些犹豫。她觉得小芳的形象和自己的服装店不太相符，担心她会影响店铺的生意。然而，小芳显得非常诚恳，她恳求美娜给自己一个机

会。看着小芳真诚的眼神，美娜决定先让她留下来试用几天。

没想到，在接下来的几天里，小芳的表现让美娜刮目相看。她不仅对每一位顾客都笑脸相迎，耐心解答各种问题，还能根据顾客的身材和喜好推荐合适的衣服。当有顾客对衣服不满意或遇到问题时，小芳总是能巧妙地化解矛盾，让顾客满意而归。她的热情和专业不仅赢得了顾客的喜爱，也让店里的生意越来越好。

美娜看着小芳忙碌的身影，心里充满了感激和敬佩。她意识到，一个优秀的导购员不是只需要漂亮的外表，更重要的是要有热情的服务态度和解决问题的能力。小芳虽然长得不漂亮，但她用自己的实际行动证明了她的价值。于是，美娜决定正式录用小芳。

自那以后，美娜的服装店在小芳的帮助下越来越红火。她们一起努力，为每一位顾客提供优质的服务和时尚的服饰。

知识点二：适合创业者、创业公司招聘员工的途径

面对激烈的竞争环境，创业公司需要采取灵活多样的招聘策略，以吸引并留住优秀的人才。

1.校园招聘：挖掘潜力新星

校园招聘是创业公司获取新鲜血液的重要途径。为了与大公司

竞争，创业公司可以关注那些潜质不错但成绩不突出的学生，给他们提供实习机会。通过举办招聘讲座或招聘会，与毕业生面对面交流，传递公司的文化和价值观，吸引志同道合的年轻人加入。

2.人脉推荐：精准锁定人才

员工推荐是一种高效且低成本的招聘方式。创业公司可以充分利用内部员工的人脉资源，通过他们的推荐来寻找优秀人才。对于有过大公司工作经验的创业者来说，其行业人脉更是宝贵的招聘资源。

3.文化建设：打造独特魅力

虽然创业公司初期在文化建设上可能面临着更多的挑战，但正是这种挑战促使创业公司更加注重企业文化建设。利用新媒体平台，传播公司理念，展示公司文化，吸引更多认同公司价值观的人才加入。

思维导图

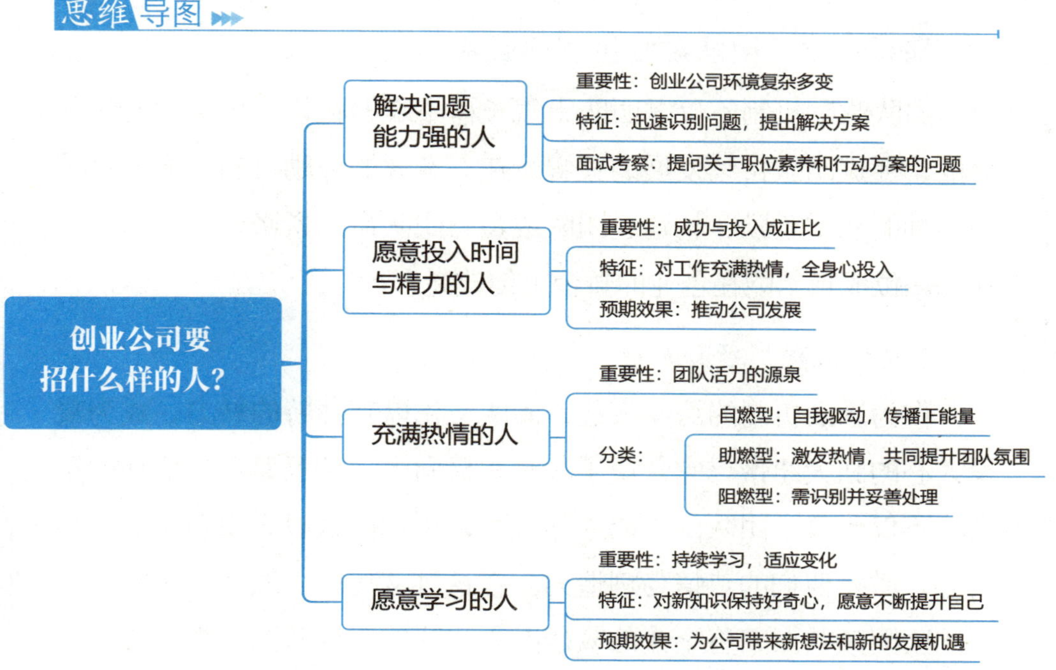

团队激励机制：提升工作动力

团队的激励机制，是推动特定人群朝向明确目标迈出坚定步伐的一种内在力量，其本质在于激发人的主观能动性——那份源自心底的积极性和创造力。它如同一把钥匙，解锁了人们内心深处对挑战的期待和对成就的追求，让每个人都能在各自的岗位上散发出光芒。

团队激励的本质在于激发人的主观能动性。

创业锦囊

知识点一：团队激励机制的必备知识

团队激励机制不仅是团队士气长盛不衰的秘诀，更是激发团队潜能、促进团队持续发展的关键所在。有效的激励机制，通过物质与精神的双重激励，构建起团队成员与团队命运紧密相连的桥梁，让每一位成员都能在创业的舞台上绽放光彩。

1.文化引领，凝聚人心

作为激励机制的深厚底蕴，团队文化以其独特的魅力，成为凝聚人心的强大纽带。它营造了一种积极向上、相互尊重与信任的氛围，不仅改善了团队内外的人际关系，更如磁铁般吸引着团队成员的心，激发他们的热情与创造力。在这种文化的引领下，团队成员与团队同频共振，将个人的梦想融入团队的宏伟蓝图，携手并进，共同开创辉煌的未来。

2.物质激励，激发动力

在创业团队的激励机制中，物质激励如同一剂强心针，为团队成员注入了源源不断的动力。通过工资、分红、补贴、股权激励等多种方式激励员工，物质激励不仅是对团队成员辛勤付出的肯定，更是对其价值的彰显。创业者需根据团队成员的贡献与表现，量身定制差异化的激励机制，确保既公平又灵活，既激励又不过度消耗团队资源。同时，还需建立公正透明的奖励制度，让物质激励成为团队持续发展的坚实支撑。

3.精神激励，成就梦想

作为物质激励的补充，精神激励更加注重团队成员个人成长与发展的需要。它赋予成员荣誉与尊重，为其提供广阔的成长空间，让团队成员在实现个人价值的同时，也为团队的发展贡献自己的智慧与力量。创业者需深入了解每位成员的内心世界，尊重其个性与差异，为每个人规划出一条独特的成长路径，让他们在创业的过程中不断收获成就感与归属感。

4.灵活调整，适应发展

创业团队的激励机制并非一成不变的，而是需要随着团队发展的不同阶段进行灵活调整。在初创期，激励机制应着重于明确所有权分配，激发成员的创业激情与归属感；在成长期，则需根据成员的成长与贡献，适时调整物质与精神激励的比重，促进团队凝聚力与创造力的双重提升。创业者需敏锐地洞察团队发展的每一个细微变化，及时调整激励机制，确保其在团队发展的各个阶段都能发挥最大的效能，从而引领团队不断向前。

创业故事

刘冉原本在一家大型科技公司担任项目经理，但她发现自己和领导的经营理念越来越不合拍，每一次的项目决策似乎都被束缚在陈旧的框架内，让她难以施展拳脚。在深思熟虑后，刘冉决定离职，与几位志同道合的同事一起创业。很快，他们成立了一家名为“未来科技”的小型科技公司，起初，公司规模很小，只有刘冉和她的几位前同事以及几位刚刚毕业的大学生。虽然团队充满热情，但因为没什么业务，甚至一度面临工资都难以按时发放的困境，有几个人已经开始寻找新的工作机会了。

刘冉看在眼里，急在心上。于是，她决定召开一次全体会议，与大家坦诚相待，共商对策。在会上，刘冉分享了自己最近的努力成果——她正在与一家知名大公司接洽，有望达成一项重要的合作协议。这个消息如同一剂强心针，让团队成员们看到了希望。随后，刘冉话锋一转，提出了一个全新的激励机制。她承诺，一旦公司盈利，将根据每个人的贡献程度给予相应的奖金和晋升机会，同时设立创新奖，鼓励大家提出并实践新的想法。

这个方案让团队成员们开始意识到，他们不再是为别人打工，而是在为自己和公司的未来奋斗。大家的工作积极性迅速提升，每个人都开始主动承担责任，积极寻找解决问题的方法。

刘冉也信守承诺，每当公司取得一点儿进步或达成一个小目标时，她都会及时给予团队成员相应的奖励和认可。这种公平、透明的激励机制让团队成员们感受到了自身努力的价值，也让他们更加信任和支持刘冉。

经过大家的不懈努力，“未来科技”公司在市场上快速发展。团队成员们的努力得到了回报，公司的业绩稳步提升，与大公司的合作也顺利达成。更重要的是，他们找到了属于自己的价值和归属感，每个人都成了公司不可或缺的一部分。如今，“未来科技”公司在市场上已颇具影响力。

知识点二：如何提升员工的工作动力？

要想让员工更有工作动力，可以试试以下几个方法：

1.多关怀员工

这不仅仅是一句口号，而是要真正落实到行动中。在安排工作时，用温和的语气与员工沟通，让他们感受到你的尊重。在日常交往中，多和员工聊聊天，了解他们的需求和想法，成为他们值得信赖的朋友。当员工犯错时，要用宽容和理解去化解矛盾，这样，员工才会更愿意为你效力，也更愿意为企业付出。

2.及时反馈员工的工作结果

如果员工做得好，就要及时表扬，让他们知道自己的努力得到了认可；如果员工做得不好，也要及时指出，帮助他们及时纠正错误，保持高效的工作状态。这样的反馈机制不仅能让员工明白自己的工作表现，也能激发他们的进取心，推动他们不断进步。

3.学会赞美员工

真诚的赞美既能让员工感到被重视，也能激发他们的工作积极性。当然，赞美要言之有物，不能空洞无物，要让员工感受到你的真诚和期待。这样的赞美才能真正打动员工的心，让他们更加努力地工作，为企业创造更多的价值。

思维导图

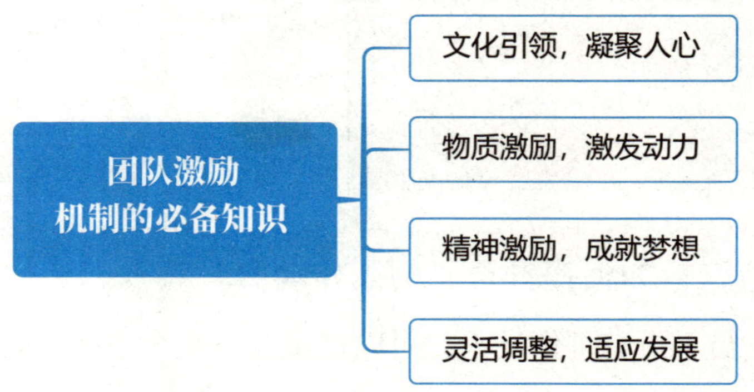

把握关键：打造高效的创业团队

创业路上，高效的创业团队是关键。一个高效的创业团队，如同锋利的刀刃，能助你在商海中劈波斩浪。团队成员间默契配合，各展所长，让项目推进如虎添翼。有了这样的团队，在面对挑战时才能集思广益、共同应对，成功也就有了更大的可能性。

创业路上，高效的创业团队是关键。

创业锦囊

知识点一：如何构建高效的创业团队？

一个高效的创业团队，犹如一艘装备精良的航船，能够在波涛汹涌的商海中稳健前行。那么，高效的创业团队究竟需要具备哪些要素呢？以下五大要素，是构建高效创业团队的基石。

1.明确的目标：指引前行的灯塔

目标，既是创业团队的灵魂，也是团队成员共同奋斗的方向。高效的创业团队必须有一个清晰、具体的目标，这个目标以愿景和战略的形式体现，为团队提供明确的航向。团队成员需要深刻理解并认同这一目标，才能形成强大的凝聚力，共同为实现目标而努力。一个没有目标的团队，就像迷失方向的航船，难以在创业的道路上走得更远。

2.精选的人才：团队的核心力量

人才，是创业团队最宝贵的资源。一个高效的创业团队，需要聚集一群志同道合、各有所长的精英。团队成员的选择至关重要，他们应具备与团队目标相匹配的能力、性格和经验。创业者需要慧眼识珠，精心挑选团队成员并充分激发他们的潜能，让每个人都能在团队中发挥自己的最大价值。只有这样，团队才能形成强大的合力，共同应对创业过程中的各种挑战。

3.精准的定位：明确职责的基石

定位，是高效创业团队不可或缺的一环。它既包括团队在企业中的整体定位，也包括团队成员个体的角色定位。团队的整体定位决定了团队在企业中的位置和职责，个体的角色定位则决定了每个成员在团队中的具体职责和分工。精准的定位有助于团队成员明确自己的职责和使命，形成各司其职、协同作战的良好局面。

4.合理的权限：激发潜能的钥匙

权限，是高效创业团队中不可或缺的元素。赋予团队成员适当的权力，能够激发他们的积极性和创造力，让他们在自己的职责范围内发挥出更大的作用。合理的权限分配不仅有助于团队成员更好

地控制自己的工作进度和质量，还能增强他们的责任感和归属感。因此，创业者需要精心设计团队的权限结构，确保每位成员都能在自己的权限范围内充分施展才华。

5.周密的计划：稳健前行的保障

计划，是高效创业团队未来发展的蓝图。一个周密的计划不仅有助于团队明确短期目标和长期目标，还能为团队提供切实可行的实施方案和调整措施。在这个计划的指导下，团队成员能够更加有序地开展工作，减少不必要的浪费和冲突。同时，计划还能为团队提供应对突发事件的预案，确保团队在面临挑战时能够迅速做出反应并调整策略。

创业故事

马立明和他的几位同事怀揣着同一个梦想——实现财务自由，携手踏入IT创业的浪潮。他们曾是同一所大学的同窗，毕业后又幸运地在同一家科技公司共事。几年的职场历练让他们不仅积累了宝贵的技术经验，更在他们心中埋下了创业的种子。

某天，马立明在午休时提出了一个大胆的想法："我们何不利用自己的技术专长，开发一款能帮助中小企业高效管理项目的软件呢？这种软件的市场缺口大，又符合我们的专业背景。"这个提议激起了大家心中的涟漪。

下班后，他们相约在一家咖啡馆，围坐一桌，开始了创业前的第一次深度讨论。首先，他们明确了创业的目标：打造一款易用、高效的项目管理软件，帮助中小企业提高工作效率，同时实现自己的财务自由。

其次，是有关出资方式和分红比例的商讨。马立明作为发起人，愿意承担最大的初期投入，其他几位同事则根据自己的经济状况，按比例出资。分红比例则根据各自的贡献度和出资额综合考量，确保公平合理。

谈及职责分工，马立明担任总经理，负责整体战略规划和市场拓展；技术专业的张伟负责软件开发和团队建设；财务出身的赵敏则挑起财务管理的重担，确保每一分钱都用在刀刃上；擅长营销的刘洋，负责市场推广和用户增长。于是，每个人都找到了自己在团队中的定位，信心满满。

为了确保团队的高效运作，他们还制订了详细的权限分配。马立明拥有最终决策权，但在重大事项上需与团队核心成员共同商议；张伟在技术开发上有充分的自主权，但需定期向团队汇报进度；赵敏负责财务审批，确保每一笔支出都有据可查；刘洋则有权根据市场反馈调整营销策略。

最后，他们制订了周密的创业计划，从市场调研、产品开发、测试迭代到市场推广，每一步都精心规划，力求每一步都走得稳健有力。

经过无数个日夜的奋斗，他们的项目管理软件终于成功上线，并迅速获得了市场的认可。中小企业用户纷纷点赞其易用性和高效性，口碑逐渐传开。同时，团队也迎来了第一波收入增长，虽然距离真正的财务自由还有很长的路要走，但他们知道，只要大家齐心协力，梦想终将照进现实。

知识点二：如何打造高效的创业团队？

如何着手构建高效的创业团队呢？关键在于以下五个方面：

1.团队的目标必须清晰且具体

团队应设定一个共同的目标，这个目标需要详尽明确，确保每位成员都清楚自己的任务以及完成任务的截止时间。

2.团队成员之间应具备互补性

就像拼图游戏中的每一块拼图都有其独特的位置和作用一样，团队成员在技能、年龄、经验和性格等方面也需要相互匹配，才能形成一个完整的团队结构。

3.团队的规模不宜过大

团队的力量并非人数越多就越强，而是要找到一个合适的规模。一般来说，三十人以下的团队规模最为合适。根据项目或任务的具体需求来组建团队，才能确保团队的高效运作。

4.责任需要明确分配

在团队中，每位成员不仅要履行好自己的职责，还要关注队友和团队整体的责任。如果目标未能实现，每位成员都应承担起相应的责任。

5.领导者的角色需要适度弱化

领导者不应过分强调管理和控制，而应努力营造和谐的团队氛围，激发团队成员的斗志。选择一位有能力且具备领导才能的人来带领团队，鼓励大家进行自我管理，这样才能赋予团队更多的活力和创造力。

思维导图

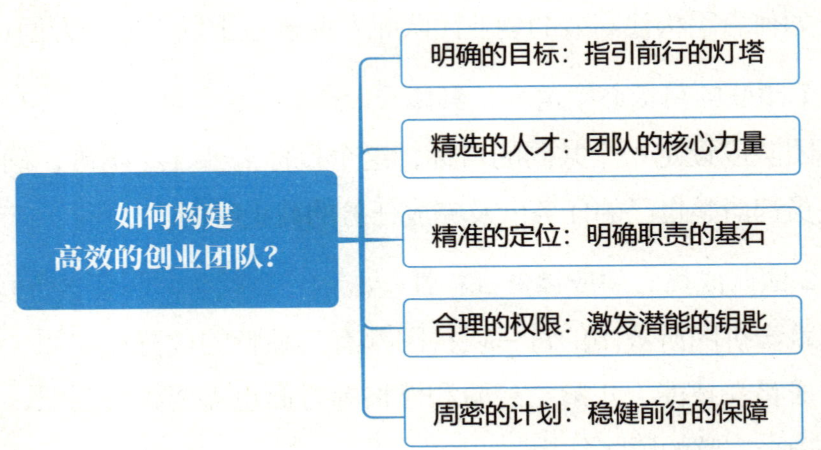

第七章

持续创新与成长之路

创业不是一次性的买卖，它更像是一场持久的马拉松。要想在这条路上走得远、走得稳，就要不断求新、求变，让自己和团队不断成长。就像小树苗需要不断吸收养分才能长成参天大树，创业也需要持续创新，才能应对市场的变化和挑战。只有这样，我们才能在激烈的竞争中站稳脚跟，让创业之路越走越宽广。

培养创新思维：开拓新的可能

创新思维，就是打破常规，探索事物间前所未有的关联，孕育出新事物的思考方式。任何旨在创新的行动都深深植根于这种思维之中，它是所有创新旅程的起点。一旦掌握了创新思维的钥匙，个人的创造力便如泉涌般迸发，为成功之路奠定坚实的基础。

创新思维是所有创新旅程的起点。

创业锦囊

知识点一：创新和创业的关系

创新与创业如同双轮驱动，共同推动着社会进步与经济发展。它们既相互独立，又紧密相连，共同编织着时代变革的宏伟蓝图。创新为创业提供了灵感与方向，创业则是创新落地的实践舞台，两者相辅相成。

1.创新：创业的灵魂与基石

创新，作为创业的灵魂，是推动社会进步的不竭动力。它不仅仅是技术上的突破，更是思维方式的革新。在创业的征途中，创新意味着对既有模式的挑战与重塑，是发现新机会、创造新价值的源泉。创业者通过创新，能够洞察市场需求，提出具有前瞻性和颠覆性的产品或服务，从而在激烈的市场竞争中脱颖而出。

2.创业：创新的实践与舞台

创业，是创新成果转化为现实生产力的桥梁。它让创新不再停留于理论层面，而是通过实践，实现其经济价值和社会价值。创业者通过创业将创新理念转化为具体的产品或服务，满足市场需求，推动产业升级。在这个过程中，创业不仅为创新提供了实践平台，还通过市场竞争机制，不断反馈和优化创新的方向，使创新更贴近实际，更具生命力。

3.创新与创业的辩证关系

创新与创业之间存在着辩证的正相关关系。一方面，创新是创业的前提和基础，为创业提供了无限可能；另一方面，创业则是创新的延伸和深化，为创新提供了实践检验和实现价值的平台。两者相互促进，共同推动着经济社会的发展。在创业过程中，创新不仅提升了企业的核心竞争力，还促进了产业结构的优化升级，为经济发展注入了新的活力。

4.从创新到创业的转化路径

实现从创新到创业的转化，需要创业者具备敏锐的市场洞察力、强大的执行力和持续的创新精神。在创新阶段，创业者需要培养创新意识，敢于挑战传统，勇于探索未知；在创业阶段，则需要将创新成果转化为具体的产品或服务，然后再通过市场检验，不断加以优化和完善。同时，创业者还需整合资源，构建高效的创业团队，为企业的长远发展奠定坚实的基础。

创业故事

李程觉得上班太辛苦，也赚不到钱，于是萌生了创业的念头。他把自己工作这几年的积蓄都拿出来，又找父母借了些钱，加起来也只有五万块。他知道，要想在低成本的条件下脱颖而出，必须另辟蹊径。他思来想去，决定从最常见的煎饼入手，打造一个独具特色的煎饼店。然而，普通的煎饼已难以满足现代人对美食的多元化需求，如何在传统与创新之间找到平衡，成了李程亟须解决的问题。

一次偶然的机会，李程在菜市场看到新鲜的菠菜、胡萝卜等蔬菜，灵感乍现。他决定将这些蔬菜榨成汁用来调制米糊，这不仅能让煎饼色彩缤纷，还能增加它的营养价值。于是，他开始了反复试验，不断调整蔬菜汁的比例和米糊的稠度，终于研发出了一款既美观又美味的彩色煎饼。

但这并不是全部。李程深知，要想吸引顾客，必须在细节上下功夫。他利用自己的绘画才能，在煎饼上勾勒出顾客想要的图案，无论是卡通形象、励志文字，还是个性签名，都能在他的巧手下栩栩如生。这份独特的创意，让李程的煎饼摊迅速在周边小有名气。

尽管李程的煎饼比周边的煎饼价格略高，但每天清晨，他的小摊前总是排起了长队。顾客被这份充满创意的煎饼吸引，更愿意为这份独特的体验买单。李程也从不吝啬与顾客分享他的创业理念，他希望通过自己的努力，让更多人感受到美食带来的快乐与满足。

就这样，李程的煎饼摊逐渐积累了稳定的客源，口碑也越来越好。他不仅没有被高昂的租金和人力成本压垮，反而通过不断创新和优化，让煎饼摊实现了盈利。更重要的是，他在这段创业旅程中，收获了成长与自信，也结识了一群志同道合的朋友。

如今，李程的煎饼摊十分红火，它不仅承载着李程的创业梦想，更传递着他对生活的热爱与执着。他每天都会站在自己的煎饼摊前，望着熙熙攘攘的人群，心中充满了感激与期待。他知道，这只是他创业的起点，未来还有更多的挑战等待着他去克服。

知识点二：如何培养从不同角度审视问题的能力？

在创业的道路上，若想走得更远，就必须具备从不同角度审视问题的能力，并不断提升自身解决问题的能力。这不仅是创业者必备的素质，更是推动其事业发展的关键。

1.要多尝试发散思维

不要局限于已有的经验和知识，而是要敢于探索未知领域。只有多层面地拓展思考空间，才能激发出更多的创意和灵感，让你的创业之路更加顺畅。

2.学会逆向思考

有时候，我们在面对问题时，可以试着从反面去寻找答案。这种“反其道而行之”的思考方式，往往能发现一些容易被忽视的新角度，从而为你开辟出一条全新的解决问题之路。

3.要有联想思维

通过对比、类比等方法，我们可以发现事物之间的内在联系，进而创造出新的想法和方案。这种思维的跳跃和融合，往往能为你带来意想不到的惊喜和收获。

思维导图

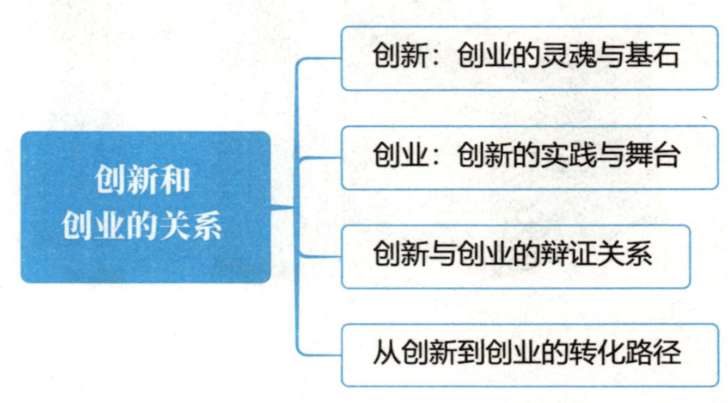

培养敏锐触觉：精准预测未来

想要创业成功，关键要有敏锐的触觉，能嗅到未来的气息。这不仅仅是靠运气，更要靠不断地学习、观察和分析。只有这样，你才能提前布局，抢占先机。培养敏锐的触觉，让你在创业路上既能避开陷阱，又能抓住机遇，逐步走向成功。记住，预测未来，才能创造未来。

预测未来，才能创造未来。

创业锦囊

知识点一：触觉和创业的关系

触觉，这一看似平凡的人体感官，在创业的世界里却扮演着至关重要的角色。它不仅是感知外界变化的窗口，更是预测未来、把握机遇的利器。

1.捕捉机会的敏锐雷达

创业的本质在于发现并抓住机遇，而机遇往往隐藏在市场中。此时，触觉便成为创业者捕捉机会的敏锐雷达。具备敏锐触觉的人，能够时刻保持警觉，对市场动态保持高度的敏感。他们能够从市场的微妙变化中捕捉到那些稍纵即逝的商机，一旦机会来临，便会迅速出击，将机遇转化为实实在在的商业成果。

2.预测未来的神秘钥匙

虽然人类无法未卜先知，但通过对过去和现在的深入观察与分析，我们就能够预测未来的发展趋势。触觉，正是那把开启未来之门的神秘钥匙。它让创业者能够从现在的事态发展中捕捉到未来发展的蛛丝马迹，从而提前做好准备，迎接未来的挑战与机遇。在创业的过程中，这种预测未来的能力尤为重要。它能够帮助创业者规避潜在风险，抓住市场机遇，实现事业的稳步发展。

3.创新方向的指引灯塔

创新是创业的灵魂。在创业的道路上，创业者需要明确自己的创新方向，敏锐的触觉正是指引这一方向的灯塔。通过触觉，创业者能够深入洞察市场需求和消费者的痛点，从而更加精准地定位自己的创新方向。这种精准的定位不仅能够让创业者在创新的过程中少走弯路，还能够让他们提前布局，抢占市场先机。

4.竞争中的制胜法宝

在激烈的市场竞争中， 那些具备敏锐触觉的人，总能在竞争中脱颖而出，成为行业的佼佼者。他们凭借对市场的深刻洞察和准确

预测，不断推出符合市场需求的新产品和服务，从而在市场竞争中立于不败之地。这种特别的敏锐不仅让创业者能够在市场中占据优势地位，还可以为他们赢得更多的商业机会和合作伙伴。

创业故事

林朗筹集了一笔资金，准备开始创业。他的初衷是开设一家自行车专卖店，希望在这个快节奏的城市中，为人们提供一种健康、环保的出行方式。林朗深知，随着城市化进程的加速，交通拥堵和环境污染问题日益严峻，自行车作为一种低碳的出行工具，其市场需求正在逐渐增长。

然而，在筹备过程中，林朗敏锐地观察到了市场的微妙变化。他注意到，虽然自行车有诸多优点，但在现代社会，人们对于出行效率的要求也越来越高。电动车，作为一种结合了自行车环保特性和机动车便捷性的新型交通工具，正逐渐受到消费者的青睐。

这一发现让林朗陷入了深思。他开始对电动车市场进行深入的调研，收集了大量的数据和案例。通过对比分析，他更加确信了自己的判断：在未来的城市交通中，电动车将会占据越来越重要的地位。因为电动车不仅满足了人们对于环保和健康的追求，更在出行效率上实现了质的飞跃。

面对这一市场机遇，林朗果断地调整了自己的创业计划。他决定放弃原本开设自行车专卖店的想法，转而投入电动车市场。为了做到这一点，他不仅需要重新规划店铺的装修和布局，还需要寻找合适的电动车供应商，确保自己能够提供高质量、多样化的电动车产品。

在这个过程中，林朗遇到了不少挑战。他需要与时间赛跑，尽快完成店铺的转型和产品的采购工作，以便能够在市场上抢占先机。同时，他还需要不断学习电动车相关的知识和技术，以便能够更好地为消费者提供咨询服务。

经过几个月的筹备，林朗的电动车专卖店终于顺利开业了。店铺内陈列着各式各样的电动车产品，从简约时尚的都市款到功能强大的越野款，各种产品应有尽有。林朗凭借着对市场的敏锐洞察和优质的产品服务，很快赢得了消费者的认可和信赖。

随着时间的推移，林朗的电动车专卖店生意越做越大。他不仅扩大了店铺规模，还开设了多家分店。在这个过程中，他始终保持着对市场的敏锐洞察和创新精神，不断推出符合消费者需求的新产品。

知识点二：怎样才能培养出敏锐的触觉？

在创业的道路上，敏锐的触觉是成功的关键。那么，怎样才能培养出这种能力呢？

1.搜集与分析信息

一个优秀的创业者应当具备一双能洞察市场的慧眼，时刻关注行业动态，搜集相关信息，并通过深入的分析去伪存真，提炼出真正有价值的内容，为自己的决策提供有力的支持。

2.深入调查与研究

对于自己所从事的领域，创业者必须有着深刻的理解和独到的见解。这就要求他们不仅要精通专业知识，更要通过实地调研，获取第一手的市场资讯，为企业的未来发展指明方向。

3.培养决策判断力

它不仅是创业者综合能力的体现，更是将前期搜集的信息和分析结果转化为实际行动的关键。一个拥有敏锐触觉的创业者，能够迅速准确地做出决策，从而在激烈的市场竞争中抢占先机，赢得主动。

思维导图

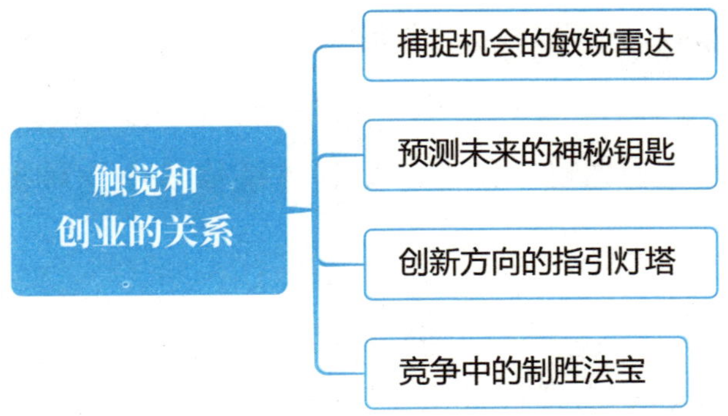

提升机会悟性：找到事业商机

机会悟性，就是识别并抓住潜在商机的能力。要提升这一能力，就要保持对市场动态的敏锐洞察，多留意身边的变化，从中发现可能的机会。同时，要不断学习新知识，拓宽视野，增强自己的行业敏感度。此外，你还要敢于尝试，勇于迈出第一步，在实践中锻炼自己的判断力。这样一来，当商机来临时，你就能迅速察觉并果断行动。

机会悟性，就是识别并抓住潜在商机的能力。

创业锦囊

知识点一：修炼把握机会的悟性

机会，如同夜空中稍纵即逝的流星，短暂而珍贵。它不会为任何人停留，只有那些具备敏锐悟性的人才能捕捉到它的光芒，将其转化为成功的力量。那么，如何才能修炼出这种把握机会的悟性呢？

1.信息捕捉：敏锐洞察，抢占先机

在高度信息化的现代社会，信息是把握机会的“金矿”。面对海量的信息，如何捕捉那些真正有价值的内容，成了摆在我们面前的一大挑战。你需要培养对信息的灵敏捕捉能力。这要求你时刻保持对市场的敏锐洞察，不放过任何一个可能蕴含商机的信息。

同时，你还要学会利用信息，将收集到的信息转化为自己的知识储备。这不仅仅是对信息的简单记录，更是对信息的深入分析和理解，为把握机会做好充分的准备。只有这样，你才能抢占先机，捕捉到那些稍纵即逝的机会。

2.洞察能力：挖掘价值，转化资源

信息本身并不等同于财富，只有当你能够深刻地洞察其背后的价值时，它才能转化为你的资源。因此，培养对事物的深刻洞察力是修炼悟性的关键。你需要学会从各种信息中找出有用的内容，挖掘出信息的价值所在。这要求你具备丰富的知识和经验，以及对市场的深入理解。只有这样，你才能在信息的海洋中找到属于自己的宝藏。记住，洞察力不仅仅是对信息的简单理解，更是对信息的深度挖掘和转化。这样你才能将信息转化为自己的资源，为创业之路铺平道路。

3.预见能力：洞察未来，把握趋势

把握机会不仅需要敏锐的信息捕捉能力和深刻的洞察力，还需要对未来的预见能力。当你通过灵敏的嗅觉捕捉到某些信息中所暗

藏的机遇时，你需要对机会的可能性进行预见。这要求你具备丰富的想象力和合理的推测能力。有时，我们可能无法获得足够的数据和资料，但正是通过想象力和推测能力，我们才能弥补这一空缺，预见未来。你可以通过阅读行业报告、参加行业论坛等方式，不断拓宽自己的视野和知识面，提高自己的预见能力。只有这样，你才能在创业的海洋中准确地判断方向，驶向成功的彼岸。

创业故事

明哲是一个普通的上班族，每天朝九晚五，生活平淡无奇。然而，他内心深处总有一个创业的梦想，希望能找到属于自己的事业商机，实现人生的转折。

一天，在下班回家的路上，明哲偶遇了多年未见的老同学张康。两人相谈甚欢，从工作、生活聊到了各自的梦想。张康现在经营着一家小型科技公司，虽然规模不大，但业绩稳定，收入可观。在聊天儿过程中，张康不经意间提到："现在的智能家居市场真是火爆，我们公司最近接到了不少智能家居设备的定制订单。"

明哲听了，心中萌生了一个想法。他回想起自己最近搬新家时，为了安装智能家居设备，费了不少劲儿才找到合适的安装公司。此外，市场上的智能家居产品种类繁多，但真正能满足个性化定制需求的并不多。他敏锐地意识到，这或许就是一个潜在的商机。

于是，明哲试探性地问张康："你们公司有没有想过拓展一下智能家居的安装和定制服务呢？"

张康想了想，说："其实我们也想过，但一直没有找到合适的人才和团队来做这件事。而且，现在的市场竞争也很激烈，我们担

心做不好会得不偿失。”

明哲听了，心中更加坚定了自己的想法。他认为，虽然市场竞争激烈，但只要找准定位，提供差异化的服务，就一定能在市场上脱颖而出。于是，他决定辞去现在的工作，全身心地投入智能家居的安装和定制服务中。

在接下来的日子里，明哲开始了艰苦的创业之路。他先通过自学和参加培训课程，掌握了智能家居设备的相关知识和安装技能。随后，他通过社交媒体和线下活动，积极寻找潜在客户，宣传自己的服务。同时，他还不断与供应商沟通，争取更优惠的采购价格和更具个性化的产品定制服务。

经过一段时间的努力，明哲的业务逐渐走上了正轨。他凭借优质的服务和合理的价格，赢得了客户的信任和口碑。一些老客户还主动为他介绍新客户，使他的业务规模不断扩大。

在一次与张康的聚会中，明哲分享了自己的创业经历和成果。张康听后，不禁对明哲刮目相看，说：“你真是太有眼光和魄力了！我当初怎么就没看到这个商机呢？”

明哲笑了笑，说：“因为我善于从对话中捕捉商机啊！”

知识点二：从哪些地方可以发现创业商机?

创业商机潜藏于生活的各个角落，关键在于我们如何敏锐地捕捉。首先，与行业内的专业人士交流是发掘商机的直接途径，包括会计师、律师、制造商、批发商等，他们能提供丰富的行业信息和市场发展趋势。

其次，互联网是获取最新资讯的宝库，通过浏览网站、参与论坛、关注购物中心动态等，我们能及时捕捉到新兴趋势和产品动态。

此外，商业研究资源、人口统计学变化、意外事件、顾客需求、社会与行业变迁等都是不可忽视的商机来源。深入研究这些内容，能帮助我们预见市场的潜在需求。留意媒体、互联网和专业协会中的新主题，也是捕捉趋势的关键。同时，加入行业协会，参与行业会议，与同事、竞争对手及社区专家交流信息，也是发掘创业商机的有效方式。

最后，研究竞争形势，了解对手的优势与劣势，能为我们制定差异化的竞争策略提供灵感。

思维导图

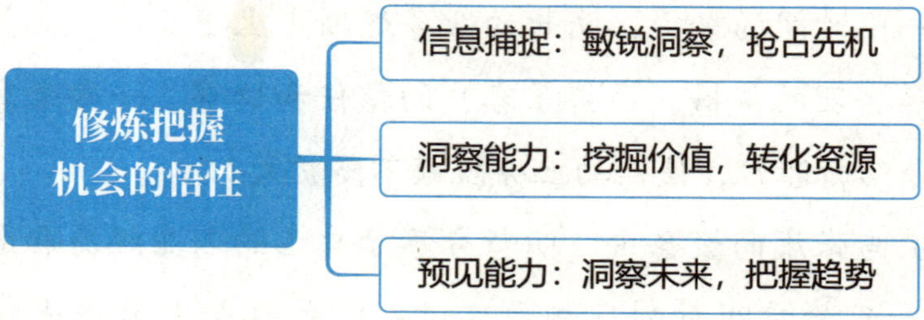

- 修炼把握机会的悟性
  - 信息捕捉：敏锐洞察，抢占先机
  - 洞察能力：挖掘价值，转化资源
  - 预见能力：洞察未来，把握趋势

杜绝“纸上谈兵”：不要脱离实际

创业路上，最怕的就是“纸上谈兵”，光说不练。理论虽好，但脱离实际就如空中楼阁，难以长久。创业要脚踏实地，深入了解市场，了解客户需求，亲自下场实践。多看看真实的世界，少些空想，多些实干，这样才能在创业的道路上走得更稳、更远。

创业要脚踏实地，深入了解市场，了解客户需求，亲自下场实践。

创业锦囊

知识点一：创业的过程中有哪些行为是“纸上谈兵”？

创业之路充满未知与挑战，“纸上谈兵”则是许多创业者不经意间踏入的致命陷阱。所谓“纸上谈兵”，不仅指决策停留在口头而无实际行动，更涵盖了照搬书本、经验主义、凭空决策等多重错误行为。这些行为看似理论充足，实则脱离实际，往往会导致创业项目在市场中举步维艰，最终难以取得成功。

1.照搬书本

有些创业者热衷于研读各类创业书籍，却往往忽视了书本知识与现实世界的差距。他们试图将书本上的理论生搬硬套到实际创业中，却忽略了市场环境的复杂多变。这种盲目照搬的行为不仅无法有效指导实践，反而可能因不适应市场而导致失败。创业者应学会活学活用，将书本知识与实践经验相结合，根据市场变化灵活调整策略。

2.经验主义

经验是宝贵的财富，但过分依赖经验可能成为束缚。一些创业者因过去的成功经验而自满，忽视了市场环境的变化和新兴趋势。他们固守传统，不愿尝试新的方法和思路，导致企业错失发展机遇。创业者应保持开放的心态，勇于接受新事物，不断学习和创新，以应对市场的快速变化。

3.凭空决策

凭空决策是创业者常见的错误之一。有些创业者可能基于主观臆断或片面信息而做出决策，缺乏对市场环境和消费者需求的深入了解。这种决策往往缺乏科学依据和可行性分析，容易导致创业项目失败。创业者应深入市场调研，了解消费者需求和行业趋势，以数据为基础做出决策。

创业故事

王强是一个怀揣创业梦想的青年，总梦想着有朝一日能够开创属于自己的一番事业。然而，面对创业这片未知的领域，他既兴奋又迷茫。没有经验，没有指导，他只能依靠自己的摸索和书本上的知识来前行。

某天，王强在书店里看到了一本关于餐饮创业的书籍。书中详细介绍了餐饮市场的现状、前景以及创业者的成功案例。他被书中描述的景象吸引，仿佛看到了自己站在金碧辉煌的餐厅里，微笑着迎接每一位顾客。于是，他下定决心要投身餐饮行业，开一家属于自己的特色餐厅。

为了更深入了解餐饮行业，王强开始四处寻找讲座和研讨会。他参加了多场关于餐饮创业的讲座，结识了不少同样怀揣梦想的创业者。在讲座中，他听到了许多专家的建议和分析，也了解到了餐饮行业的种种挑战和机遇。然而，就在他对餐饮行业充满期待的时候，一次偶然的机会，他又听到了一场关于家政服务的讲座。

这场讲座的主题是“家政服务的未来与发展”。演讲者是一位在家政行业摸爬滚打多年的专家，他详细介绍了家政市场的现状、消费者的需求和未来的发展趋势。王强被演讲者的热情和专业知识打动，对家政服务产生了浓厚的兴趣。

回到家后，王强又开始埋头研究有关家政服务的书籍和资料。他发现，家政服务不仅市场需求大，而且有着广阔的发展前景。与餐饮行业相比，家政服务似乎更加适合他。于是，他又开始动摇，想要放弃餐饮创业，转而投身家政服务。

就这样，王强在餐饮和家政两个行业之间徘徊不定。他花费了大量的时间和精力去研究、咨询、比较，却始终没有迈出创业的第

一步。他陷入了深深的困惑之中，不知道该如何选择。

直到有一天，王强在朋友圈里看到了一位朋友分享自己的创业经历。这位朋友也是从零开始，经历了无数的挫折和困难，才最终找到了适合自己的创业方向。王强深受启发，他意识到，创业不是靠书本和讲座就能成功的，而是需要勇气和决心去实践、去尝试。

于是，王强决定不再纠结于选择哪个行业，而是先从小事做起，积累经验，逐步探索适合自己的创业道路。

知识点二：常见的脱离实际的情形

为什么众多创业者难以把握创业规划与设计的精髓？关键在于他们采用了错误的策略，使得创业之路从一开始就偏离了实际的轨道。

1.制订了看似务实、实则空洞的计划

有些创业者撰写的规划书虽然洋洋洒洒，但是对产品的销售量含糊其辞，这样的计划往往缺乏实质性的内容。因为真正的务实不

是回避关键问题，而是敢于面对不确定性，并通过实际调研和市场分析来尽可能准确地预测销售情况。

2.混淆了勇气与莽撞

勇气是面对困难与挑战时的坚定与果敢，莽撞则是缺乏深思熟虑的盲目行动。在创业规划中，我们不能被一时的激情蒙蔽双眼，而应该冷静分析，实事求是地评估自己的能力和市场环境。真正的勇气不是盲目乐观，而是在逆境中保持清醒，找到前行的动力。

3.低估了竞争对手的实力

很多创业者自信地认为自己能够轻松地击败对手，却忽视了对手已经积累的经验和资源。这种轻敌的心态是极其危险的，因为竞争对手的存在不仅是对我们的挑战，更是我们学习和成长的机会。我们应该冷静地审视对手，从中汲取经验，不断提升自己的竞争力。

思维导图

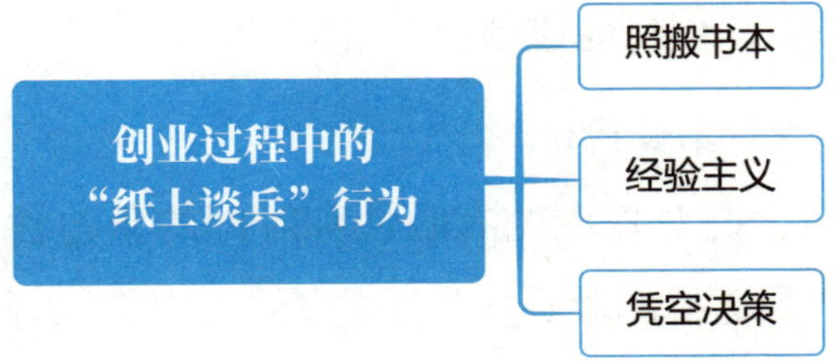

规避不良倾向：逃离创业误区

很多创业者在创业过程中，因为只盯着目标，反而会陷入误区，导致创业失败。要想避免这样的结果，就要学会规避不良倾向。毕竟创业不易，每一步都要踩在实处，远离那些华而不实的陷阱，才能稳稳当当地走上自己的成功之路。

创业不易，每一步都得踩在实处，远离那些华而不实的陷阱。

创业锦囊

知识点一：创业期间有哪些不良倾向？

创业之路是一条充满挑战与机遇的征途。然而，在追求梦想的过程中，创业者们往往会陷入一些不良倾向，这些倾向如同隐藏的陷阱，稍有不慎，便可能让创业之路步履维艰。

1.盲目投入，不计代价

创业初期，面对资源的有限性和时间的紧迫性，许多创业者不得不采取“为达目的不计代价”的策略。他们急于求成，不惜一切代价推进项目，却往往忽视了成本效益分析。然而，这种盲目投入不仅可能导致资源的浪费，还可能破坏市场规则，损害企业的长远利益。创业者应时刻保持清醒的头脑，理性评估投入与产出的比例，确保每一步都稳健前行。

2.盲目扩张，自不量力

创业者常常怀有雄心壮志，希望企业能够迅速扩张，实现跨越式发展。然而，盲目扩张往往伴随着巨大的风险。企业规模的扩大意味着管理难度的增加、成本的上升和市场竞争的加剧。如果创业者没有做好充分的准备和规划，盲目扩张很可能导致企业陷入困境。因此，创业者应理性评估自身实力和市场环境，制订切实可行的扩张计划。

3.权宜之计，难以为继

在生存压力下，创业者常常不得不采取权宜之计，如与人合伙、聘请业内高人等。然而，这些权宜之计往往伴随着额外的压力和风险：合伙人可能并非理想之选，业内高人也可能难以驾驭。创业者应谨慎选择合作伙伴，明确双方的权利与义务，避免陷入不必要的纠纷。同时，对于聘请的高人，应建立合理的激励机制和约束机制，确保双方的合作能够顺利进行。

4.凡事亲躬，难以放手

创业初期，创业者往往身兼数职，亲自参与企业的各项事务。然而，随着企业的发展壮大，创业者应逐渐学会放手，将更多的权力交给团队成员。如果创业者始终紧握大权不放，不仅可能导致团

队整体的士气低落，还可能影响企业的决策效率和创新能力。因此，创业者应培养自己的领导力和信任感，学会与团队成员共同成长。

5.应急处理，缺乏规划

在创业过程中，各种突发情况层出不穷，创业者往往只能采取“头疼医头、脚疼医脚”的应急处理方式。然而，这种缺乏规划的管理方式不仅效率低下，还可能错失发展良机。创业者应建立科学的管理体系，制订详细的发展计划，确保企业能够稳步前行。同时，创业者还应注重团队建设，培养一支能够应对各种挑战的专业团队。

创业故事

陈晨开了一家独具特色的小吃店，准备通过创业实现自己的财务自由。小店开业之初，凭借着独特的口味和周到的服务，迅速吸引了周边的食客，生意异常火爆。每天清晨，当第一缕阳光洒在城市的街道上时，陈晨的小吃店前已经排起了长队。

看着络绎不绝的顾客，陈晨的心中充满了喜悦和成就感。他开始幻想着更大的成功，计划着将小吃店打造成一个连锁品牌。于是，在朋友和家人的鼓励下，陈晨开了分店。

分店选址在城市的繁华地段，租金高昂，但陈晨相信，凭借着他独特的小吃和优质的服务，分店一定能够吸引更多的顾客。然而，事实让他大跌眼镜。分店开业后，生意并不像预期的那样火爆，反而日渐冷清。每天，望着空荡荡的店铺和寥寥无几的顾客，陈晨的心中充满了焦虑和困惑。

他开始反思自己的决策，意识到自己在小吃店扩张的过程中过于急躁和盲目，没有考虑到不同地段的市场需求和竞争环境，也没有做好充分的市场调研和风险评估准备。分店的经营模式和产品种类与总店并无太大差异，但在繁华地段，这样的特色小吃并不足以吸引大量顾客。

一天晚上，陈晨坐在总店的角落里，看着忙碌的店员和络绎不绝的顾客，心中五味杂陈。他拨通了好友王蒙的电话，倾诉着自己的困惑和痛苦。

“王蒙，我真的不知道该怎么办了。分店的生意一直不好，我每天都在亏钱。”陈晨的声音中带着几分无助。

王蒙在电话那头沉默了一会儿，然后缓缓地说道：“陈晨，创业路上总会有坎坷。你不要过于自责。我觉得你应该先冷静下来，好好分析一下分店失败的原因。然后，根据实际情况做出调整。”

“可是，我已经投入了那么多钱和时间，现在放弃，我真的不甘心。”陈晨的声音中带着几分倔强。

“我明白你的感受。但是，有时候及时止损也是一种智慧。你可以尝试将分店关闭，把精力重新投入总店上。等时机成熟了，再考虑扩张也不迟。”王蒙耐心地劝说着。

听了王蒙的话，陈晨陷入了沉思。经过几天的深思熟虑，他终于做出了决定：关闭分店，将精力重新投入总店上。他调整了总店的经营策略，优化了产品种类和服务流程，生意越来越火爆。

知识点二：常见的创业误区和警示有哪些?

创业，这条充满未知与挑战的道路，吸引着无数怀揣梦想的人勇往直前。然而，创业并非易事，许多人在创业过程中因盲目追求某些目标而陷入误区，最终导致失败。以下是创业路上常见的八大误区及其警示：

1.盲目追求速度

创业不是一场短跑比赛，而是一场考验耐力和策略的马拉松。速度并不是决定胜负的关键，只有稳健和持续的努力才是长久之计。创业者应制订切实可行的计划，稳扎稳打，逐步推进，避免因急功近利而错失良机。

2.规模越大越好

企业规模并非越大越有竞争力。创业者应根据市场需求和资金状况，找到最适合自己的发展规模。盲目扩张可能会导致资金紧张、管理混乱，甚至陷入经营困境。因此，创业者应理性看待规模问题，避免陷入“大而不强”的困境。

3.事事亲力亲为

创业者应善于利用资源，将自己不擅长的事务交给专业人士处理，以提高效率。事事亲力亲为，不仅浪费时间和精力，还可能因缺乏专业知识和技能而导致决策失误。因此，创业者应学会放手，让专业的人做专业的事。

4.盲目跟风

创业路上，跟风现象屡见不鲜。然而，盲目跟风往往导致创业者陷入“陷阱”，从而错失真正有潜力的项目。创业者应保持清醒的头脑，对市场进行深入分析，选择适合自己的创业方向。

5.成功可复制

一次成功并不代表永远成功。创业者应时刻保持谦逊和学习的心态，不断适应市场变化。成功往往具有偶然性和不可复制性，创业者应结合自身实际情况，探索适合自己的创业道路。

6.多种经营分散风险

盲目多元化经营可能增加风险而非降低风险。创业者应专注于自己擅长的领域，通过深耕细作来降低风险。

7.盲目兴趣和熟悉

创业不仅仅基于兴趣和熟悉，更要考虑市场需求和竞争态势。创业者应成为市场资源的整合者，而非仅限于个人兴趣或熟悉的领域。

8.忽视产品经营

资本运营虽重要，但产品经营才是企业的核心。创业者应专注于提升产品质量和服务水平，以赢得客户的信任和忠诚。

思维导图

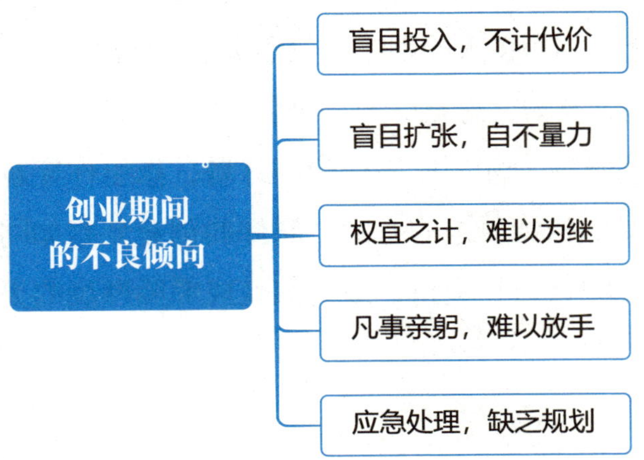

写给读者的话

亲爱的读者：

当你看完这本书的最后一页时，我真心希望你的心中满载着收获，感受到一股力量，激励着你继续前行。小成本、低风险的创业，这条路虽然不容易但也充满希望，就像行走在既有荆棘又有阳光的道路上。尽我所能，将实用的知识、方法和亲身经历融入这本书中，希望能为你的创业旅程增添一份稳健和信心。

在创业的旅途中，牢记以下几点至关重要：

首先，保持好奇心和持续学习的态度是成功的基石。世界在不断变化，新技术、新趋势层出不穷，只有不断学习，才能跟上时代的步伐，并及时发现和把握新的机会。

其次，要敢于尝试，将书中的建议和理论付诸实践。理论知识固然重要，但真正的成长往往来自实际操作和实践经验。每一次尝试，无论结果是成功还是失败，都是积累宝贵经验的过程。

最后，坚持和耐心是创业成功的关键因素。创业之路充满了挑战和不确定性，困难和挫折不可避免。然而，正是这些考验塑造了真正的成功者。无论遇到多大的困难，只要保持积极的心态，坚持自己的目标并不断为之努力，总有一天，你会迎来成功的曙光。

愿本书能够成为你创业旅程中的灯塔，指引你穿越重重迷雾，帮助你在挑战中找到前进的方向。愿你的创业梦想如同一颗微小的火种，通过你的努力和坚持，最终演变成熊熊燃烧的火焰，照亮你的未来。